如何真誠的一生當中快樂的活著是生命中重要課題
我們可以從很多人的智慧與經驗中去學習瞭解
生命的本質透過彼此傳遞更多正能量讓社會更幸福更感恩和諧

等待微光

吳坤佑醫師等待微光新書發表特擷錄書中所附之言書以賀之

壬寅仲夏 李國政書於南鯤鯓

等待微光

吳坤信

北邊隧道已然被堵住了，所有傷患大體望著向南的隧道口，那是唯一的出入口。

當第一輛火車送出第一批傷患後，強烈的火車白光慢慢消失在南端的隧道。

望著向南的方向，希望第二次火車到來接駁，黑漆漆的隧道當火車慢慢進入的時候，將會顯現一道強烈的白光，在此之前，黑天暗日，深入在山中的火車到達之前的一些微光，那是救命的唯一道路。

目錄

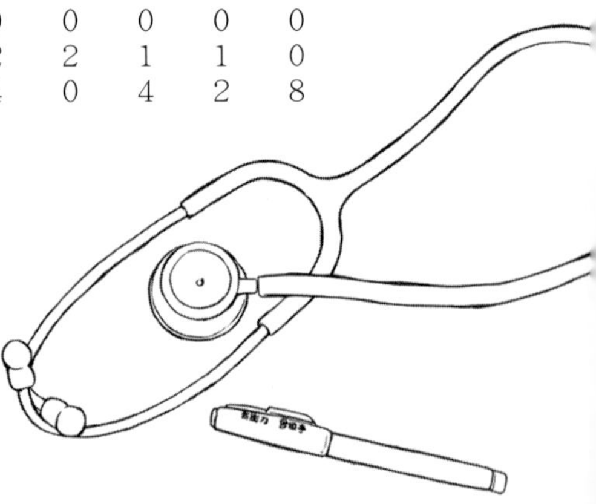

第三部　逐光之旅

第四部　成爲他人之光

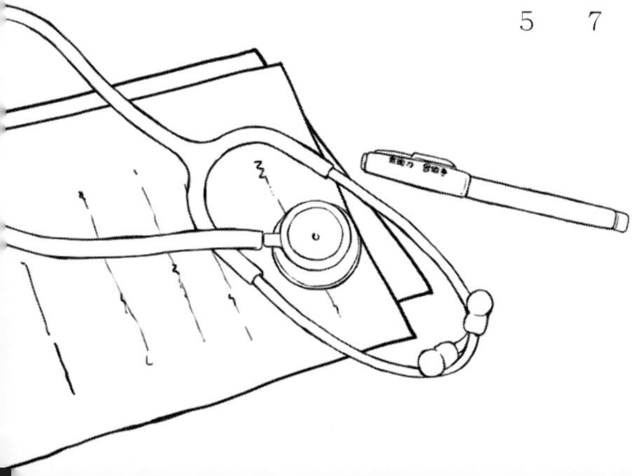

微光中映見白袍之愛

花蓮慈濟醫學中心院長　林欣榮

在慈濟大家庭裡，慈善總是走在最前、做到最後，而在醫療志業服務的同仁很幸福，有機會追隨國際賑災的足跡參與義診及發放，不僅可以運用專業幫助受苦的民眾，最重要的是在這過程中總是可以洗滌心靈，從內心的法喜啟發生命的意義。

提到花蓮慈濟醫院骨科部的吳坤佶醫師，就會令人想到二〇二一年四月二日台鐵408車次太魯閣號事故，那位在漆黑隧道內把一名受到驚嚇的男童抱在懷裡細心安撫的白袍身影；在臨床上，他就是一個關心病人的醫師，也是一位主動參與海外義診、把握因緣的人醫典範。

這本即將付梓的新書《等待微光：一位救難醫師的生命告白》集結許多吳醫師

與病人互動的溫馨故事，包括二〇〇四年南亞海嘯時的事，還記得那時候，基金會要組醫療團，在會議室詢問「有沒有醫師有意願要主動前往的？」吳醫師不僅是充滿勇氣第一個舉手的那一人，還連帶影響到年輕醫師……這故事就收錄在〈牆頭上的烏鴉〉篇章。

吳醫師被分發到斯里蘭卡的義診團隊，十多天的朝夕相處，共同目睹南亞海嘯大災難後的浩劫餘生，在義診大量傷患的過程中，他也深刻體會證嚴上人靜思語錄「做中學，學中覺」的意義，當時吳醫師帶了他女兒托付的洋娃娃，安慰了不少幼兒傷患，後來的印尼、菲律賓等海外義診團，也都有吳醫師的身影。

在〈隧道〉篇章中，萬餘字的故事，反覆於夢境中的實境，是吳醫師在台鐵408車次太魯閣號事故搶救過程的真實經歷與省思。吳醫師是花蓮縣救護義消大隊大隊長，也是消防局特種搜救隊教官，在參與這場搶救生命的歷程，他義無反顧的慈悲及醫療專業是一股安定人心的力量。

吳醫師除了在臨床以醫療專業及柔軟的醫者心照顧病人之外，在醫學研究上也成果豐碩，例如板機指手術專利刀，間質幹細胞胞外泌體用於膝關節治療的專利等等，這對病人醫療均有相當的助益。

相信《等待微光：一位救難醫師的生命告白》這本書可以映見許多人文醫學小品，這也是吳醫師對病人及社會的關懷，更有許多病人帶給他的鼓舞與成長。期許吳醫師日後仍持續抱持醫者熱忱，在臨床上對病人付出的同時，並對社會、對人群挹注關懷，影響更多的年輕人，見證白袍大愛，也促進社會祥和。

好山好水與好人

花蓮縣長　徐榛蔚

花蓮大山大水，依中央山脈、面太平洋，坐擁世界最佳地理環境之一，多年來十方賢士加上縣民努力，打造了一個絕佳生活環境。

東華大學、慈濟大學吸引了諸多學士來花東奉獻付出，特別是慈濟功德會在花蓮建立醫學中心。吳坤佶醫師因花東之美來花蓮，近三十年的花東行醫經驗，寫下這本《等待微光：一位救難醫師的生命告白》。

八年前在一場公益活動中認識了吳醫師，邀請他加入消防局救護大隊，想藉其外科醫療背景來加強救護志工的訓練質量。果不其然經過一段時間的經營，到院前死亡復甦率明顯提高，外加慈濟醫院其他科系醫師同仁的加入，使花蓮救護醫療品質不亞於都會區。在重大災害後的救護更是成績斐然，去年太魯閣408次車列車意外，團隊救護使傷害降到最低，就是明顯的成果。

書中的行醫故事分享了吳醫師對病苦與生命因果輪迴的見解，令人省思，很多篇章都以花蓮境內的美麗風土當背景，對此一方鄉土有深厚的感情，在吳醫師眼裡花蓮是一塊寶玉，而其對病患的情感慈悲呵護，令人更想相信他是因證嚴法師的感召而來花東行醫。

短文一篇一個故事，都是鄉親眾生的日常生活，希望讀者來花蓮細細品味，看看本土鄉情，發覺正念。

花蓮溪出口的國姓廟、太魯閣燕子口、鯉魚潭、原住民豐年祭及玉里小鎮等等，這些都是吳醫師描述的故事發生地，期待更多的故事、傳說延續在這塊土地。

美麗的七星潭，日出，等待微光，祈求，全民身心健康平安。

尋找光、傳遞光、聚合光

前交通部長、光合基金會創辦人　林佳龍

書寫這篇序的時候，太魯閣408次車列車事故剛過一周年。這是令全台灣人椎心刺骨的事故，也是我生命裡最痛的記憶，它原是不該發生的事情。

吳坤佶醫師將救災現場的畫面書寫出來，需要莫大勇氣。而我也同樣需要勇氣才能一字一句讀完，因為，我們同樣目睹了那個黑暗的第一現場。

2021年4月2日的那個早晨，我巡視完清明連假的疏運行程，準備前往下一個工作的路上，接到了噩耗。

在趕往現場的途中，我一路向天祈求，不要有人員傷亡。因為搭乘任務專機，我跟內政部徐國勇部長很快抵達現場。儘管我的腦中出現過千百種可能，但眼前所看到的景象，已是超出一個人心理能承受的範圍。儘管如此，我必須保持冷靜，坐鎮指揮。

那幾天，救難人員穿梭其中，包括身兼花蓮消防局救護義消大隊長及特搜隊教官的吳醫師在內，忍著身心極限，奮力救災。我們記得他緊抱著一名小男孩溫柔安撫的畫面，但讀完此書，我們才明白，原來對吳醫師而言，在那一刻，孩子也正安撫著他因救災而受創的心靈。

在太魯閣408次車列車事故周年前夕，我再度到訪花蓮和罹難者的家屬碰面，同時依約再次探訪參與救災的警義消弟兄們。聚會中，吳醫師告訴我，他的新書即將出版，邀請我為書寫序。

收到吳醫師新書原稿後，我靜靜閱讀，隨著吳醫師的文字，重新回顧了太魯閣408次車列車事故的現場，也進入了許多人的故事。本書紀錄的看似是吳醫師親身經歷的事，但那些生死一線間的故事，在吳醫師的筆下，我看見更多的，是他對生命的愛與疼惜，以及解讀緣分及業力的哲學體悟。

從習醫到行醫，醫師工作對吳醫師而言並非一份「職業」而是「志業」。身為急診室及骨科醫師，他理解比起軀體上的傷，更讓患者難以面對的，往往是心中難癒的疤。

面對病患生命中的巨變，吳醫師秉持行醫的「初心」與「同理心」，用理解的方式找到讓事件好轉的可能。

讀完此書，我看見也尊敬吳醫師實踐尊重生命與疼惜生命的那份醫者仁心。吳醫師以「身心」作為需要治癒的本體，我相信這源自於他心裡與病患「同在、同苦、同悲」的大愛精神。

生命是經歷多重苦難喜樂的過程，我們並不會因為預期死亡，就不好好地生活。不過，當死亡突如其來發生，卻常常不是靠意志努力堅強就足夠，在面對「痛苦」的過程，只有當我們努力去感受「愛」，心中才能產生希望，也會同步喚起我們對生命的覺知。

我深信「愛生愛」、「善生善」的循環。如同吳醫師所說「好事更會吸引好事，一個善念、抱持著善意，往往能夠在選擇中化險為夷」，也正是一念天堂、一念地獄的道理。書中〈國姓廟口的三炷香〉篇章中，三個受害者即是在一個善念之下，轉變成三位有福的人。我十分認同吳醫師所說的，生命的完整或殘缺，不在於軀體，而在於內心。

閱讀〈隧道〉這篇章時，我的眼中盡是淚水，彷彿重新回到事故現場、醫院跟殯儀館，各司其職的警義消與醫護人員、公益宗教團體的志工、熱心民眾，還有已經退休的鋼索老師傅，他們在最黑暗的時刻成為火炬，照亮了黑夜，他們每一個人都是吳醫師，心中有遼闊的愛。

身為一個政治工作者，我一直相信，政治本身具有追求良善價值的意義，同時也可以是一種社會療癒的過程。而當我們共同經歷某些磨難後，唯有透過愛和理解，能讓傷口癒合，讓社會群體更緊密的結合在一起，繼續往前走。

卸下公職後，我便開始進行「尋找光、傳遞光、聚合光」的「光合公益之行」。我始終相信透過角落微光的聚合，可以照亮更遠更廣的地方。

吳醫師將書名取為《等待微光：一位救難醫師的生命告白》，我想吳醫師本身即是一道光，這道光足以產生極善的能量，為他人的人生帶來溫暖與光亮。

我佛慈悲

前台北醫學院兼任副教授　葉思芬

日正當中，秋陽滿室，開始展卷閱讀吳坤佶醫師的作品。

如此的怵目驚心，如此的慘絕人寰，原來地獄就在人間，在任何人都無法預知的下一刻。

救難人員進入血腥的隧道內，爬上變形擠壓的車廂，搶救、安置驚嚇愕然的傷患，和無言破碎的大體。吳醫師將來不及穿上的紅色消防衣輕蓋上那張毫無遮掩、暴露著死亡的臉——「她已經被標定成黑色，此時此刻，她只是個顏色」。

在忙碌長久的搜救行動中，為了辨識是否真有微弱的哀嚎聲，一時大家靜默。而就在這短暫的兩分鐘內，隧道裡面一陣陣的風切聲，像極了一個看不見的人，正繞著我們周身迴旋嗚咽著，是飄動的靈魂嗎？讀到這畫面，儘管仍身處陽光燦然的室內，卻渾身發冷，彷彿真有靈魂在周邊無聲飄動。

尾聲了，新城火車站大廳莊嚴的誦佛聲中，拉開最後幾個黑色袋子，那件紅色消防衣下，罹難女子的臉顯現出一種人心安的祥和平靜的表情，不似我上午看到時那樣的一臉驚恐。吳醫師樸素的文字後面，是強大的慈悲。

吳坤佶是我開始任教第一年的學生，熱心負責的小伙子。上課總記得為我搬張椅子；下課也不會忘記擦乾淨黑板，然後，給老師一個靦腆快樂的笑容。他是文青，會寫青春洋溢的詩篇；也是憤青，會藉由文字透露成長過程的辛酸與感傷。

因緣際會，他得到去奧地利維也納深造的機會。薄薄的航空郵簡，每隔一段時日會進到信箱來，密密麻麻的文字承載著學業的艱難、異鄉的寂寞，以及奮鬥生存的苦悶。但，漸漸的，文字開始轉化成聆聽寒冬大雪的靜謐、草木新芽萌放的喜悅、維也納綠色森林的蒼鬱，還有熱鬧繽紛的歐洲耶誕盛況。就這麼，伴隨著郵簡上的詩、文，他走過春、夏、秋、冬，走過十載寒窗。

印象深刻的是學成歸來見面時，他手上捧著小小的玻璃瓶，熱情洋溢的訴說著論文的實驗過程；靦腆溫柔的笑容下，已是一位志業堅定、自信穩重的棟梁之才。

事實證明也是。這些年來，我不知道他是不是成為所謂的「名醫」，但敢肯定他一定是位有愛心、有勇氣、有能力的好醫師。

行過萬里路，看過上萬個病患，吳坤佶醫師充滿故事。這本書只是個開端，還有好些好些深刻有意義又有趣的經歷，等著他為我們娓娓道來。

祈願慈悲的光繼續指引著他，也經由他，指引眾生。

讓文字的智慧成為一股力量

前獅子會總監　賴澄龍

清明連假午後，電視新聞播放台鐵太魯閣408次車重大傷亡事故的最新救援進度，當吳坤佶醫師在漆黑隧道內將受驚嚇孩童緊抱在懷中安撫的照片出現時，我對坐在一旁的外孫女說：「他是阿公獅子會的朋友喔！」緊接聽到的是她的驚聲尖叫，「真的嗎？他是我的偶像耶！我要他的簽名可以嗎？我可以和他合照嗎？」

外孫女誇張的反應讓我疑問滿天飛，偶像？簽名？合照？花樣年華的少女所崇拜的偶像不都是高富帥嗎？坤佶獅友怎麼也能受到外貌協會會員所青睞呢？

我納悶地問她，「妳認識他嗎？為什麼他是妳的偶像呢？」

她天真爛漫並不假思索地回答我，「因為他很帥啊！阿公不覺得嗎？」

帥？我腦袋當機了一會兒，立刻秒懂了她的意思。是的，坤佶獅友緊抱受驚嚇男童的溫暖畫面傳開，那份愛的力量透過照片，感動了每個無法親臨事故現場卻渴望能盡一份心力的我們，真的是帥呆了！

說起坤佶獅友有一特點令我感到相當驚訝——他能用愛將實事求是的醫學，以及虛無飄渺的信仰，毫無違和地進行完美的結合。科學與宗教本應如理性與感性般相對立一直是我既有的刻板印象，然坤佶獅友慷慨捐款助蓋廟宇、捐贈魁星筆鼓勵學子等善舉，在在都說明他追求的是一種純粹，是在任何別人需要他的時刻，他都會珍惜每個付出的機會，這就是他堅持的初心。

我所認識的坤佶獅友，沒有醫師的驕傲，是個會以醫學治療身體病痛、以信仰撫慰心靈創傷的仁者。此書雖只是他數十年行醫義診的小部分經歷，卻承載著滿滿引人向善的正能量；猶如太魯閣408次車事故的經典照片，不僅是獨善其身，更有能兼善天下的魔力，讓文字的智慧成為一股力量，一股讓善循環、讓愛傳遞的力量！

集學者醫者作者救難者於一身的吳坤佶

財團法人中華民俗藝術基金會董事長　林明德

與吳坤佶醫師認識，真的有些機緣。他住花蓮我住臺北，卻邂逅於二〇二二年，南鯤鯓代天府三百六十大周天．新春開筆的盛會上。他與夫人、女兒的粲然笑顏，令人印象深刻。

五月二日，他人在南鯤鯓李國殿祕書室，來電話敘明六月即將出書，希望我能為他寫篇序。隔天，即從花蓮上傳書稿，我整日細讀，心靈彷彿在傑作中冒險，情緒時而震懾時而低徊，終於穆如清風、慧日朗然。當下，對吳醫師這個人，有了更深一層的認識。

吳坤佶，生於桃園，成長於嘉義、臺中，定居在花蓮。雙親辛勤，白手起家成為建築商。他畢業於臺北醫學院醫技專修科；一九八九年，修得奧地利維也納大學醫學博士。現為花蓮慈濟醫院醫師，兼任慈濟大學醫學系副教授。專業領域為骨科、創傷科。醫、救之餘，還擔任花蓮消防局救護義消大隊長。

二〇〇四年，時逢南亞大海嘯，他隨慈濟醫療團隊遠赴斯里蘭卡救災。二〇一一年，獲頒花蓮縣第十一屆優良醫師。二〇二一年，太魯閣408次車列車事故中，他率隊進入隧道急難救助。

吳夫人為藥劑師，夫妻倆育有一女。

作者自述新書撰寫的動機，不外是學習他者的智慧與經驗，以了解生命的本質；透過醫病關係的互動，傳遞更多的正能量，讓社會祥和幸福。救難醫師揭示一個嚴肅的命題——在短暫生命中，如何知足常樂的活著。

《等待微光：一位救難醫師的生命告白》分四部，共二十一篇，第一部「光與影」中敘述診問、救難的故事，面對生死，反思無常。內心浮現，在晦暗不明之際，好像穿過隧道，看見微光，迎向光明；第二部「拾光日記」回憶起留學期間、行醫期間的點點滴滴，奠定醫者的堅實信念；第三部「逐光之旅」透露決定在花蓮行醫的祕密，留學時瑞士的好山好水宛若花蓮，意象巧妙疊合，讓他毅然決然選擇了人間淨土，過著驚奇的每一天；第四部「成為他人之光」記敘義診與生活感觸，闡述人間點燈，成為他人之光。

令人敬佩的是，他扮演多重角色，集學者醫者作者救難者於一身。他進出生死場域，聞聲救苦，以簡淨、生動、活潑，又帶哲理的文字書寫成篇，其生命自白，能引人入勝。這裡列舉幾篇為例，以窺其一斑。

〈隧道〉，追溯二〇二一年四月二日，太魯閣408次車事故事件，身為大隊長進入隧道救難的慘痛經歷。面對四十九位罹難者，他陷入夢魘的漩渦，經過心理調適、大乘佛法的啟迪，諦視人生無常，重新思索生死課題，悟識珍惜生命，穿過生命隧道，迎向微光。全文由九小節組成，宛如一首安魂曲。當時我見聞新聞報導，震驚悲愴之餘，寫了〈安魂〉——

作孽肇禍太魯閣脫軌毀人命，

慈悲祈求洄瀾崖斷魂歸往生。

面對浩劫，人同此心。

〈牆頭上的烏鴉〉，描述二〇〇四年，九級地震引發南亞大海嘯，二十九萬人瞬間消失。他參與醫療團隊，遠赴斯里蘭卡義診，面對人間煉獄中劫後餘生者，他救了人命，同時問天——這是一場大自然的反撲，但誰來救大自然的命？

〈嘉慶君的籃球隊〉，以意識流手法，敘述一位西班牙後裔血統的部落少年，車禍、截肢、當籃球教練、酗酒、放縱的一生，顯示因果報，讓他悟出行醫時，除了治療，也希望能藉著一點善意給深陷死胡同的病患，指示一條出路。

〈燦爛的旭日東昇〉，敘述朋友C，是位年輕有為的保險業者，熱心公益，常給人溫暖。七月天，早晨六點半到七星潭運動，心肌梗塞猝死。作者認為他的逝去像關燈似的，但精神上的心燈常照。行醫數十年，作者感悟：不畏人生苦短，只怕沒有為世界留下些什麼。

向來知識分子能堅持理想已屬不易，又能化理想為行動的更是稀有。救難醫師的自白，為我們提供一個新典範，值得肯定。全書圖說記憶，堪稱實錄。而尋幽訪勝，則有待讀者叩門探看究竟。

不正經的逝

吳坤信醫師

2021年4月2日太魯閣408次車出軌事件，如果沒有這張我抱著孩童的照片，將只是一件花兩個禮拜時間報導的新聞主題，加上一位交通部長的實質辭職，做為章節的結束。

新冠疫情飄忽不定的感染傳播，正壓縮人民之間的生活空間，在這個前提之下，往生者的式場承接著召魂的傷痛，倖存者慢慢在日常生活中回歸，也將慢慢磨平淡忘苦痛的記憶，如同風裡飄散的那些絲絲淡淡的塵絮。

因為有了這張照片，一整天在隧道裡面的驚恐，慘絕人寰，瞬間死亡，冷汗直流，對生死的顫抖掙扎，成為一段永恆的回憶。

我又是怎麼會出現在畫面裡，這應該是我出現的地方嗎？除了三百多位輕傷者，徐徐的自己走出現場外，裡面還有兩百多位警消救護人員、十八位受重傷者跟四十九位罹難者，這短短不過三十米的山洞中，眾人是怎麼度過這一天的？

奧地利出了一本很有名的書，講述達官貴人是怎樣辭世的。描述音樂家政治家名人生病與死亡的過程，在救難事件後，我突然想起了這一本書，倒不是想寫這樣題材的書，而是覺得應該要書寫下這樣的經歷過程。

在北醫大學的時候，有一位很年輕的國文老師曾帶著我們念新詩、散文，聽余光中的新詩，改編的校園民歌，從此愛上了新詩和散文。

特別是短文，像有靈魂似的，看不見，但感覺得到的，短而精煉。到維也納大學唸書時，很多時候在很冷靜的冬天、在下著鵝毛大雪，在宿舍裡望著黑灰的天空，這些情感就這麼醞釀而出，日積月累寫一些，有醫學的故事，有人和人之間的生活紀錄，許久下來並沒有間斷。

學開刀，到很喜歡開刀、把刀開好，生活之餘最欣慰的，就是寫這些文章故事和轉折。

新冠病毒正在改變全世界人的命運，我們在居家隔離中，也在靜坐思考中。這塊土地上的人們，幾百年來跟著世界潮流轉變，漸漸越走越快，直到這次疫情肆虐，才慢慢意識到，在這躁動的時代、在這數據化的時代，我們都太過急進，我想試著更面對自己，將小國小民的生活故事、圍繞在身邊的庶民故事，一個一個化成文字，希望大家藉由咀嚼這些文字，從而了解從一個醫師的角度看這個世界。

山上種了很多的樹，很高興他們都活得很好。偶然發現樹跟人一樣，情感充沛，也有羨慕、嫉妒、愛欲，但生命依存的方向仍舊一樣——向上。

病跟死可以那麼的接近，也可以那麼的遙遠，在與病魔拚鬥的過程裡，發生了好多醫病之間的故事，有因果、有理念、有緣分，如今回想起來這些事，以及這些病人的故事，似乎也有引人向上的力量。

幾十年來不斷地看著病人住進醫院、走出門診，跟他們似乎有一種無法切割的關係，也沒有契約的認證，但是人的關係就這麼持續了下來。

生老病死本來就是人生常態，死亡在醫院更是天天都有，時時都有，但是瞬間這麼多人往生的意外，仍著實令人驚恐，看看死亡過程是這麼的不尋常，雖然沒有那些名人充滿離奇的死亡，也沒有令人著迷的故事，可就算是平凡人的逝世，也應當得到某種模式的適當紀念，我試著用我書寫的文字來描述這一段段可惜的生命，命運這樣的安排，這班列車，過去常搭，未來仍無可選擇，我們該如何詮釋這段意外帶來的故事，我試著紀念。

與其告知人類生命的保健養生知識，倒不如啟發所有讀者，對意外本身、對死亡過程多一些體悟，了解了靈魂的真諦，而能更學會珍惜生命，這是我的意圖。

第一部

光與影

隧道的入口總是一片黑，
幸好，出口總會迎來一束光，
在行醫的年歲中，
我始終相信，黑暗中有微光。

有時候，
並不是我撫慰了你，
是你安慰了我。

第一篇

隧道

幽暗的隧道中，有如另一個宇宙，
周遭彷彿潛藏著一隻準備攫取生命的巨掌，
我時不時地覺得透不過氣來，
每每側耳傾聽，我無法分清楚，
是微風吹入隧道內的聲響，
抑或是罹難者臨行前魂魄的嘆息。

金剛經說「凡所有相，皆是虛妄」可是一介凡夫如我，卻總是經常著相。行醫多年，再加上救難隊的經歷。我以為已經沒什麼事可以令我感到太過意外，甚至情感上難以自持。非關佛法修行，這只是人生中的一幕，然而，我被這一天中的所有相，衝擊激盪，終究難以自持。

2021年4月2日下午接近八點或者已然超過八點，回到家的我，仍然有點恍神，這是怎麼樣的一天，從上午直至回到家的當下，我是怎麼走過來的，近一天的時間，彷彿過不完，又彷彿什麼都沒發生過，一切都似乎以自然而然的條件反射進行著，沒有過多的思考，也沒有能力去多做思考。

狗狗迎面走來，嗅了嗅我的鞋子，抬頭狐疑的看了看我，突然發出陌生而略帶不安的低鳴，垂眼看了下牠，心裡突然覺得，牠是否也意識到今日的異常。

窩進楊桃樹下的躺椅，鞋子都沒來得及脫掉，疲倦湧上眼簾，瞬間，泛起一股全身被掏空的感覺，深深的吸了口氣，閉上眼，最後想到的是，我是回家了。

夢境之一

2021年4月2日上午十點半，我正以還不錯的心情，在診間進行著我的看診日常。這時接了第一通電話，隊員回報清水隧道北口列車出軌大約有三個傷員，我以為只是一般出軌的小事故，想說由他們處理即可，沒想到，十一點第二通電話緊接到來。

前面的通知好像是重大事件的前奏，宜蘭邱大隊長電話告知，事態嚴重傷員在五六十人以上。我抱歉地對剩下的五個門診病人道歉，停止門診。匆忙的帶上女兒送來的工作鞋，焦急地往事發地趕。雖然著急，但我從沒想過，緊接下來的九個小時，我即將面對的景象此生再也不可能從我記憶中抹去。

南下的台九線，在清明節前是如此繁忙，滿滿的車潮，讓想飛奔到現場的我，焦躁了起來，卻只能耐心地排隊前行。

終於抵達現場，停好車，換上鞋，我沿著邊坡前行，路比我想像的要崎嶇難走，遠遠的就看到隧道口，所有的消防弟兄正忙碌的救災，走到指揮中心，局長正與一些長官在匯報些什麼，另一頭，慈濟的醫護團隊在臨時救災帳篷中也忙著進行遇難者的輕傷處理。我找了個隊員了解目前的狀況，能走出來的輕傷者正陸續送往醫院，醫療執行長指揮著所有救災醫護。

望著變形的鐵軌，北端洞口旁，變形的車廂，景象令人感到怵目驚心。這是遭受多麼驚人的撞擊力道，我無法想像當下所有乘客面對的是一種什麼樣的驚恐，我當下更無法想到的是，驚恐尚未結束，它還在隧道中持續著。

未受傷的以及輕傷的乘客，慢慢地朝指揮中心走來，這裡是安全的。

「大隊長，裡面的死傷還不是很明朗。」

我已經忘記當時是誰向我這麼說。

「你帶我進去吧！」當下的我絲毫沒考慮的就提出要求，也許只是下意識的認為，還有人需要幫忙協助，就只是這樣，就這麼純粹，在那當下。

拿了一個塑膠袋裝齊了剪刀、繃帶、手套、手術手套，另一手拎了一件來不及換上的小紅消防工作服，我跟著特搜隊走進隧道，走進北端大清水山洞，走進清水生死斷崖的最後距離。

我跟著特搜隊爬上三車車頂，走在車頂的高壓電線上，前進到第四車廂順著一條臨時工作梯下來到地面，不斷的彎著腰，扭著身體前進，此時已然進入隧道之中。一路上不停地遇到，似乎相熟卻又陌生的臉孔，指引著我們前進。

空間越發狹小無光，走在第五車廂的右邊，另一面是隧道洞壁，路徑似有若無，隧道裡光線幽暗，空氣中透著一股無以名狀的冷。

再往前進，一陣異味撲鼻而來，混雜在濃濃的油漬味中是一股令人極度不適的血腥味，對於血我並不陌生，但這股混雜的血腥味卻令我心裡突地升起強烈的不安感，緩慢前進，爬上第六車廂車頂，此時幾乎已經跟外界完全隔絕，原本隧道口透進的微光已全然消失，頭燈混著手機的照明交互閃爍著，在這樣的一個空間裡，心裡突然升起一股沒來由的孤寂感，明明前後都有人，我卻覺得似乎只剩我自己一人，深陷在一個暗黑的坑洞之中，恐懼的心情油然而生。

繼續前進，映入眼裡的是，變形擠壓的車廂，脫節的、扭曲的，我似乎走入了無以名狀的世界，後來才知道，我已經到達受害最嚴重的事故現場——第六、七、八節車廂。一眼望去，我無法分清楚，誰是傷者誰又是罹難者，呼吸變得有些困難，缺氧嗎？有那一瞬間的恍惚，迎面而來的有特搜隊員，有傷者，模糊不清的臉龐，空洞的眼神，是因為經歷變故而難以自持的受難者，或是因事故嚴重性的衝擊而還在調適中的特搜隊員，我已無法分辨。

回神過來的時候，我已自動的加入救人檢傷的行動中了。

時間肯定已經中午了，然而幽暗的隧道中，有如另一個宇宙，空氣依然冷冽，幽暗的周遭彷彿潛藏著一隻準備攫取生命的巨掌，我時不時地覺得透不過氣來，每每側耳傾聽，我無法分清楚，是微風吹入隧道內的聲響，抑或是罹難者臨行前魂魄的嘆息。

夢境之二

恍然若夢，我一直無法清楚的分辨，這些景象是在夢中的重複虛像，或是記憶中當日在現場時的每個場景。

每一位我接觸過的傷者，抑或是罹難者的大體遺容，我努力的想辨識清楚接觸過的每一張臉龐。然而，現今的我，越是想在記憶中聚焦，卻只能得到模糊的形影，一再重複。是我在抗拒重現當時的慘烈畫面嗎？每每思憶及此，當日壓在心頭的沉重感便又在心裡升起。而瞬間鼻子也似乎又聞到那股夾雜著油氣的血腥味。

在最慘烈的六、七、八節車廂間來回檢傷救援時，車廂是偏向右側的，只能沿著左邊的山壁較空曠處緩慢前行。

罹難者的身體不完整的被尋獲，裹著被撕裂的衣服，集合存放，預備送出隧道。這是包括我在內，所有的特搜隊員從沒有見過的慘狀，在當日進入隧道前，我完全沒有心理準備的。

恐懼，從第一個小時開始，就牢牢地攫住了我們。

每一個人，都被眼下的場景完全震懾住了。如果有人說自己不會為任何事情所震懾，我完全相信那只是因為你尚未碰到過。

驚恐與焦慮壓迫著我們每一個人的心理，除開罹難者，我們也迫切地想要找到生還者。沒有人願意開口提議休息，抓緊時間的堅持著，幾乎是滴水未進的努力著。我注意到已經有人體力嚴重消耗，再不休息可能會有狀況，他們完全憑著一股救人的信念，在腎上腺素的刺激下，捨生忘死地在努力著。

「現在所有的人員分成兩組，距離車體五公尺以上的隊員，請即刻緊靠兩邊洞壁停下休息。距離車體一公尺內的隊員，繼續努力，五分鐘後，請自動交叉休息喝水。」我沒辦法再聽任大家繼續這樣下去，便出聲要求大家略作休息。

「我們還有很多工作要做，不能中途垮下。」我覺得部分隊員的恐懼程度還是比較嚴重，於是繼續出聲鼓勵，「這些無辜的罹難者，他們是善良的，請大家不要害怕，我們是在幫助他們，盡全力的幫助他們，所以，請大家不要覺得害怕。」

這時候所有的搜救隊員們，才意識到在隧道中的我們，雖然空氣冷冽，在奮力進行搜救中早已渾身濕透卻又通體冰冷，甚至很多人早已超過兩三個小時沒有喝過一口水，更不用說稍作休息了。

這一刻，大家似乎才吐了一口長氣似的，恢復清明的自體意識，包括我自己。只能說，第六、七、八節車廂的所有景象實在太過慘烈。

在略作休息後，我朝第七節車廂走了過去，隧道內昏暗依舊。前行的腳步不知道被什麼絆了一下，低頭猛然發覺靠著洞壁邊躺著一位罹難者，她已經罹難，身邊沒有任何人，我並沒有碰觸到她。是什麼絆了我的腳，是往生者的招喚嗎？身軀平躺，昏暗中面貌不容易辨識，可以確定的是她的臉龐還算完整，是一位年輕的女孩，不幸的搭上這一班死亡列車。

她的身體以一種極不正常的角度扭曲著，躺在被撕裂的火車邊上，不，是根本已是一堆爛鐵的邊上。我又出現一瞬間的恍惚，伸出手我想扶一下黑灰的隧道洞壁，抓不準距離的晃了一下，突然覺得我宛如置身雲霧中，我的身軀也在扭曲著。身旁的搜救人員依舊火急火燎的忙著搜尋生還者，時不時有那麼一兩個人因焦急行動而必須跨過她，這畢竟只是一條一米左右的通道，由車廂到洞壁之間。

我緩緩地蹲了下來，避開鑽動著的搜救弟兄。我看見她的身旁有一個黑色的標記，她已經被標定成黑色，此時此刻，她只是個顏色。眼下，她已被列為最不需要處置的對象，就以這種形式，毫無遮掩地暴露她的死亡，像極了從櫥窗中倒落到一旁的人像模型。

隧道依然昏暗，此時我卻異常清楚的看見年輕女子臉上的慌張與驚恐，老天，在巨大撞擊的瞬間，她是清醒的嗎？我無法再想下去了。沒有多加思索的，拿起一直帶在手邊沒有換上的紅色消防工作服，我直接蓋在她的臉上。

給點最後的尊嚴吧！心裡祈願她能就此安息，不再驚恐。也讓她在黑暗的隧道中，能讓所有的搜救隊員清楚的辨識到她的存在，這是往生者在此刻應該得到的起碼的尊重，我是這麼想的。

當生命以如此脆弱的方式瞬間被抽離，被抽離者，是瞬間回歸虛無飄渺之間，又或者是茫然無措的在現場徘徊？當時思憶及此，心裡不覺升起一股悲憫之情，抬頭四望，隧道之間，恍若有著縷縷幽魂正悲愴的徘徊在這幽暗空間裡。

維摩詰經裡，善意菩薩說「生死涅槃為二，若見生死性，則無生死，無縛無解，不然不滅。」可我慧根不足，這一生是無法做得到了生死的境界，此時此刻依然被這瞬間的生死事件，撞擊得搖搖欲墜，情緒激盪不能自已。生與死之於我，依然是兩個極端性的樣態，現今的我，還是沒有辦法做到超越相對，而淡然以待之。

夢境之三

似夢似醒，在事件過後，經常有的不眠夜晚。迷濛之間，總會在恍惚之中驚醒，似有一種錯覺，我，還在隧道中，走著。

身旁是搜救隊弟兄晃動的身影，來來回回。灰暗的空間裡不時有話語傳了過來，救護特搜不斷的在回報狀況。

車廂間掛著一隻找不到主人的手臂，一位小罹難者，小小的大體像一個洋娃娃般的，被夾在車體上。一位女士無法動彈的等待著救援的來到，骨盆骨折，她需要長背板到車廂下面往外運送，她還有呼吸。

在絕對力量的衝擊下，宛如被雷劈一般，一位男子蹲坐在地，頭部有如被刀重創深可見骨，還有呼吸。

隧道內依然昏暗，我隨著回報移動，逐一檢傷，與弟兄們齊力救援。

帶血色的、不帶血色的畫面來回交織。我在這死亡空間來回穿梭，死亡在眼前走過，下一瞬間又期望著能搶救回每一縷欲去的魂魄。

2021年4月2日竟然那麼漫長，長到往後的幾日我老覺得還在當日，尚未過完。心裡總期望著，這些畫面真的只是一場不真實的夢境。但我其實非常清楚，這些畫面已經烙印在我餘生的靈魂裡，成為不可能抹滅的印記。

「有一家人在七車左側，一位爸爸帶著兩個孩子，小孩的頭部都受到重創……」

有隊員焦急的回報，我已經不記得是誰了。

「我馬上過去處理……」邊說著話，我已開始移動。

走近七車，我在昏暗中搜尋著要找的傷者。發現不遠處有一位倚洞壁靠坐著的男子，身邊站立著一個小身影。是他了，心裡想著，腳下已快步朝他走了過去。看見身旁一臉驚慌的女孩，應該是他的大女兒吧！不由自主地拉過她來，讓她倚靠在她爸爸身邊，一邊蹲下身來，面對有點失神、充滿哀傷的這位父親，小女孩在他的懷裡。

「先生，你還好嗎？別擔心，讓我先看看你女兒，好嗎？」我用另一隻手，拍拍他的肩膀。

「讓我的女兒在我的懷裡睡了吧！」他兩眼有些許茫然地望著我，不捨的、哀傷的低語。

「還是先讓我看看吧！」看著小女生額頭上似被利刃擊中的傷口，已經不再滲血。還有呼吸嗎？我心裡擔憂著。

先伸手觸摸她的頸動脈，還有呼吸。再檢查她的四肢，卻發覺她的溫度是異常的。心裡一股無名的焦躁陡然升起，我需要一副擔架讓小朋友躺下來。目光梭巡到不遠處一張塑膠擔架，上面平放了些剛搜尋回來的罹難者的斷肢。

「我會設法最優先送她去醫院，先生別擔心，我保證。」我望入憂心的父親的眼底，誠摯地說。我必須在沒有呼吸與尚有呼吸之間做出選擇。

鐵道兩旁滿是等待火車的傷患與罹難者的大體，皆需外送。安排了小女生一家三口上車出去後，繼續搜救檢傷，上上下下，腳步沒停過，在暗黑的中央山脈底下。深沉的呼吸著，我間或會出現喘不過氣來，是缺氧，抑或是過度呼吸？無力的倚靠牆壁，卻發現牆壁正不斷的滲出水來，昏暗的隧道中，我覺得那股沿牆壁流下的水似乎正逐漸變紅，像極了一股紅色的漆泥，順洞壁流淌而下。

三天後，關心的詢問神經外科那一位頭部受創的小女生。當天確實進行手術搶救了，卻因為顱內嚴重出血，腦主體嚴重受損，最後還是沒有辦法救回。在這場拔河中，我還是輸了。

夢境之四

回首環顧，隧道兩端看不到一絲光線，隧道裡面極度昏暗，很容易讓人產生幻象，經常覺得身邊似有若無的有些什麼，往往仔細的一看卻沒有東西。

車廂裡層發現了一位女士，身邊帶有一位一歲多的小朋友。這位女士有可能腳部骨折，小孩似乎只是受到極度驚嚇，是幸運加上母親對小孩的保護？在這場浩劫之中，算是奇蹟般的存在。

有一位原住民阿伯，下腹部遭受重擊，還有呼吸……

一塊塊不規則的軀體被分別的標記著，這些已經沒了呼吸的罹難者，像極了夢魘中的靈魂，正模糊不清的在我的眼前佇立。個個衣衫襤褸，渾身汙跡，黑色的標記，或手中拿著，或是掛在胸前，正用空洞的眼神望著我。

此刻，我的情緒已被有沒有呼吸完全掌控，只要一聽到有呼吸，整個人就像極了打了興奮劑般的亢奮起來。其實不只我，此時每個像極了深陷修羅場的特搜隊員應該都跟我一樣吧！

難以想像的數據，難以想像的場景，四十九個罹難者，每個人噴灑出五千CC血液，那麼，這個山洞裡早已被將近二十五萬CC的血液灌滿。然而，此時此刻的山洞裡，只靠著一盞盞的頭燈照明著，每每一個轉身，人便立即陷入一片暗黑的空間。明知道此刻的環境必然血跡遍地，可事實上，幾乎見不到一灘血。強力撞擊過洞壁後的車體，以一種詭異的姿態橫亙在眼前，事實上我們都知道，在這個暗黑的空間裡，有著不少撞擊過後四處散撒的殘肢斷體正等待著我們去把它們找出來，送它們回家。

低頭看著戴著工作手套的雙手，在微光中變成褐色，繼而轉變成黑色，我知道，事實上它是在沾滿了帶血的汙泥後，隨著時間變黑的。

時間走著，我們繼續工作著，任由洞中無盡的黑，不斷地吞噬著每一個人。在似無盡頭的搜尋中，沒有多餘的交談，雖不至鴉雀無聲，但基本上算是安靜的。

「安靜，好像有哀嚎聲？」一位特搜隊員突然舉起手說。瞬間所有人員停止手邊動作，幾乎是個個屏住呼吸。在那幾近兩分鐘裡，所有人的耳邊，只剩穿過隧道裡的風，風聲時不時的低鳴著。一陣陣的風切聲，像極了一個看不見的人，正繞著我們周身迴旋嗚咽著，是飄動的靈魂嗎？聲音忽遠忽近，時高時低。聲音終究是聽不明確。

那個短暫的兩分鐘，在日後的記憶裡，是一種無法抹滅的寧靜。黑暗之中以耳傾力搜尋，最終不可得。暗黑的洞中，只有風聲，如果還有什麼，僅剩的也許只是在風中飄蕩著的魂魄臨行前的道別。

當一個物體以極速向前，就這樣硬碰硬的對上。是重量超過五百公噸，以時速一百一十公里的速度衝向那百年山壁，瞬間車體被切成兩半，坐在裡面的人當然只能粉身碎骨，剎那間魂飛魄散。

大部分太魯閣號的旅客，在撞擊的當下，是處於半睡眠狀態下的。在睡夢中死亡，在沒有意識狀態下，身首異處，生命就在那近七秒之內被抹去。死亡就這樣切了進來，這四十九位罹難者的遭遇，就是如此慘絕。

在這七秒之中，唯一的目擊者，是盡責的司機，他清醒的目擊了自己的死亡，事發時，拚盡全力的想要把車煞住。他失敗了，然而，他也已經盡力了。看到被夾在前艙駕駛座上的駕駛，我只想對他致上我最大的敬意。

在事故現場，你會突然發覺生命是如此的脆弱，人生又是何等的一種無常。搭上這班列車的罹難者，在事故發生前都在等待著接下來的一整天計畫好的行程吧！是要會見計畫中約好要見面的人，是準備完成些計畫中要遂行的工作，然而，一切就這樣終止了，沒有絲毫預警，不會有任何預示，一切就這樣嘎然而止。

沒了，什麼都沒了，沒有明天，沒有下一次，甚至，沒有下一秒。

有知覺嗎？那一瞬間清醒的人，有什麼想法？我想我永遠不會有答案吧！佛陀說，於生死之中可證涅槃，我想我是很難證得如此深奧的境界，行醫多年的我雖不敢說對生死能有深刻的體認，只是沒想到此時此刻給我帶來的震撼與感受，真讓我對生命產生一種全新的體悟，我再一次覺得沒有辦法很清晰的知道，當我面對生死時，會產生一種什麼樣的心情與姿態。

生死無常，這個災難會帶給我什麼樣的人生課題？我有辦法經由這樣的一種震撼，對於生與死的真相能有更進一步的理解嗎？

夢境之五

在隧道中來來回回的搜尋了幾遍，不斷的協助傷患離開隧道中。

「大隊長，有一位傷患需要協助脫困。」一位特搜隊員找到了我。

「帶我去。」我沒有猶豫的和他走。

我們很快的來到第五與第六節車廂交接處，車廂廁所也就是車廂與車廂連結處，已經被擠壓到嚴重變形了。有一位乘客被夾在嚴重變形的擠壓空間處，很明顯的，這位男性乘客受傷得很嚴重。

頭燈閃爍，昏暗中只能由一條車廂間的隙縫看見與幾個人困在一起的傷患。要進入是很困難的，觀察著裡面的情況，很不妙，我肯定除了這位男性傷者，其餘的人，應該已經罹難了的。我們轉到車門靠車頂部尋找到一條細縫，試著撐開車門，無奈失去動力又已經嚴重變形的車門實在是難以撼動。

「這位先生，我們馬上救你出來，忍耐一下。你有辦法移動嗎？」我先安撫一下傷患，順便了解一下情況。

「我沒辦法移動，我的手和腳都受傷了。」他聲音微弱的回答著。

後來我們才知道他雙腳自膝蓋以下斷了，且左臂也已經骨折。幾經折騰，實在沒辦法了，還是回到車門作嘗試。兩位特搜隊夥伴，終於將車門拉開了二、三十公分的縫隙，看看剛好可容一個人的頭部通過。

「我進去吧！你們把我塞進去！」只能如此了，我想了想，便決定了。

於是隊員們只好連推帶擠的，把我像塞棉被般的，從這變了形的車門縫間塞了進去。好不容易地擠了進去，在那個昏暗而狹小的空間裡，我先試著讓自己站穩，我知道腳下踩的都是傷者（其實都是已罹難者的大體），心裡充滿歉意，這真的是不得已。然後在罹難者之間找出可立足的空間，找到了傷者後，簡單地檢傷，接下來是設法把他送出去。

我招呼了外面的隊員後，盡量小心的從身後把傷患抱起，事急從權，也顧不了傷者舒不舒服，當下只想著先把人送出去再說。我把傷者朝上舉，依然只能透過進來的那道小縫隙，讓外面的隊員把他朝上拉，我繼續向上推，終於把傷患從這如死亡幽谷送了出去。

送出傷患後，我有點脫力的鬆了口氣，此時我環顧四周，在昏黃頭燈的照射下，這個被擠壓嚴重變形的空間裡，交叉重疊的躺著五位罹難者的大體，哪怕打從一開始，我早知道他們都已經罹難，還是下意識地為他們做了檢傷，或許我的潛意識中還在期待著奇蹟的出現吧！

確定沒有生還者之後，我只能再由唯一的出口，請外面的隊員拉我出去。無可避免的，我必須藉由踩踏某位罹難者的肩膀，才有可能脫困。心裡面只好對他說了聲抱歉，當隊員們拉起我時，忍不住回頭又望了一眼車內，內心又是一股說不上來的滋味在翻湧著。

「裡面有五位罹難者，等一下用油壓機來撐開車門，我們也好好的把他們送回家吧！」出來後，我對著隊員們說。

被救出來的傷者，後來確定，右腳是閉鎖性腓脛骨骨折，左腳是開放式骨折，是車體鋼鐵造成的傷害，緊急包紮後讓他在長背板上躺著等待後送出隧道，等到上車做最後一次清點受傷人數與巡迴驗傷時，我又遇見了他。

「醫師，我覺得好冷。」雖然此時車上的溫度是較暖和的，他還是對我如此說。

「我沒有別的可以幫你了，就用這件衣服讓你裹著吧！你稍微忍耐一下，馬上去醫院了。」我脫下白袍幫他覆蓋上。

這位重傷的生還者，我不知道該說他是幸運抑或是不幸，買的是站票，我不知他是臨時起意，或是買到票趕時間只好上了這班列車。在兩節車廂間靠車門的位置，站了六位乘客，出事時，這六位乘客，形成一個重傷害集體，在嚴重的撞擊擠壓後，他是唯一的倖存者。開放性骨折後，伴隨著骨髓炎，長時程的治療，一個壯實的木匠變得清瘦而不成人形。

為他披上的白袍，也在我意料之外的回到我手上。

「這是病人身上發現的白袍，上面有你的名字，差點被丟掉了。」醫院的公關有天下午把白袍送回來給我，還被送洗過了，真有效率呀！

夢境之六

穿透心經，唯有利他。

整個救援行動似乎接近尾段了，時間前進著、停滯著，我的感覺都有點混亂了。極度繃緊的神經在稍一鬆動後，我才覺得必須找個位置稍做休息。

此時有一大部分的傷者正等待著接送的火車，我看見不遠處有一位傷了腳、躺在長背板擔架上的女士，她抱著一個小朋友。於是，我朝她走了過去。

「妳好嗎？請妳把小朋友暫時交給我。」說著我便把小朋友抱了起來，「山洞溫度比較低，我會抱著他，妳放心。」

「我有點想睡覺。」她明顯精神不太好的回答我。

「妳不能睡，妳睡著了就再也看不到妳的寶貝了。」我擔心著傷患會有不可控的意外變化，畢竟這是重大事故的救援處理現場，傷患基本上只是經過緊急處理，一定要到醫院徹底檢查以後才能確認實際狀況。

「妳一定要保持清醒，我就在妳身邊，妳安心地等著火車進來，我們馬上送妳去醫院。」我抱好小朋友，轉身走到她的旁邊靠牆坐下。

這時我低頭朝小朋友看去，一個很可愛的孩子。看起來並沒有太大的不安，沒有受到驚嚇嗎？或者是媽媽保護得很好？他安穩的靠在我的胸前，並沒有因為離開媽媽身旁而有些許驚慌，也許我看起來也很可靠吧！

回頭再看救援現場，所有的特搜夥伴還在工作著，不過大部分工作應該都已幾近收尾，我讓自己倚靠著洞壁，心裡突然出現了今天開始救援以來前所未有的安定，左手輕拍女士的右腳，希望能多給她一點撫慰，讓她心神能更加安定。

放眼望向橫亙於不遠處的第六節車廂，扭曲變形，今天觸眼所及的一切都充滿著支離破碎與極度的扭曲變形，我所經歷的過程中產生的不安與驚恐，全然來自於這所有一切的殘缺破碎。為什麼會發生這種事？怎麼會這樣？所有的問號又開始在腦子盤旋。

瞬間的恍惚過後，我目光觸及懷中靜靜倚靠著我的小孩，「你是唯一的完整」靈光乍現，一個念頭由心中浮起。是了，原來是這樣的。方才坐下時湧現的安定感是來自於你，並不是我撫慰了你，而是你在安慰著我，我的小天使。

走出夢境

2021年4月2日彷彿過不完的一天，直至今日，依然會有瞬間的恍惚，然後整個人就又像是陷入當日情境，情緒翻湧，難以自拔。

當日抵達現場時是處於極度混亂的狀態，在初步檢傷救援的行動裡，我們先就生死辨識做大類區隔，也就是哪裡有可救治的傷患，哪個部分已經確定是罹難者。已逝者我們會用黑色的標記做記號，然後第一優先的，自然是抓緊時間搜尋可能的生還者，以及是否尚有被困在車廂內或有被車體壓住的罹難者。

我們來來回回在第六、七、八節車廂搜尋了三次，這個重點搜尋部分就用掉了一個多小時。

緊接著就是把極需救治的傷患安置妥當，初期的包紮與傷害的嚴重度判別，並且分派救護人員一對一的轉送花蓮各大醫院。花蓮縣各大醫院的緊急開刀量能基本上大家都有一定的認知，沒有計畫的，同時把所有傷患擠送到一個大型醫院，整個醫療體系是會被擠爆進而崩潰的，對醫療救治是絲毫沒有幫助的。這個時候，往年縣府消防局救災演練終於顯現了功效。

等待火車後送的時間，我能做的也極需做的是檢傷分類與配置醫療。另一重大任務就是盡快將罹難者的大體搜尋出來，安置妥當，好好地將他們送回家。

這時候救護車基本都已抵達崇德火車站待命了，救護車是無法停靠在月台邊上的，傷患必須由火車上搬運到月台，再由月台跨越過兩條軌道，才有辦法抵達道路旁的救護車，雖然看似只有短短的二十幾米，這個工程卻讓所有的特搜隊救護人員耗盡體力，當辛苦的完成任務時，傷患順利轉送花蓮時，時間早已過了中午。

下午三點，無線電通傳，所有傷員已然全部安抵各大醫院，或準備就醫，或已進行手術中。於是我們，只剩下最終任務了。

坐上火車，再次進入隧道，此時留守隧道中的特搜隊員，已經把大部分罹難者的大體整理好了。我們心懷悲憫的將所有罹難者大體，緩慢的安置上車，下一站，新城。這將是所有罹難者的終站，也是他們回家的首站。

生命的逝去，最後是要由檢察官來判定的。慈濟的志工已經在新城火車站用藍色的布幕圍好一個單向、單一路線的走道，它是通往臨時搭起的罹難者大體檢驗處所的通道，在檢驗室裡，檢察官帶領著一群刑警，將英雄袋一一打開，拍照相驗勘驗證據，紀錄著罹難者的身分。

一個人的最後尊嚴僅靠著藍色圍布，在此將不再流離失所，功德無盡。

外面慈濟師兄、師父誦佛聲環繞在整個新城火車站的大廳，這時候，我眼前的一個英雄袋被拉開，首先看到的，是一件紅色消防衣，那件制服依然包覆著她的臉龐。

「大隊長。」

不知道是誰念了出來，我知道那是我的制服。

接著，他們輕輕的把它抽開，制服下是一張年輕女孩的臉。這時候的她，臉上顯現出一種令人心安的祥和平靜的表情，不似我上午看到時那樣的臉露驚恐，看了這一眼，我也不自覺地得產生一種心安感受。

一路好走。我不由自主在心裡默念著。

側轉身，我轉到另一邊，全場有五十二大袋，DNA確定後，才整理成完整的四十九位罹難者，此時大部分是殘缺不全不完整的，甚至有僅剩一對手掌，還是在不同的地方尋獲，一雙有著白色美甲彩繪的手，怎麼看，它們都絕對是同一個人的雙手。可是它的主人已是遍尋不著了。

這已是衝擊力最小的畫面了，在勘驗的過程中，自詡是醫師身分更有著救難隊大隊長身分的我，都會承受不了，衝出場外蹲在水溝邊乾嘔的狀態。慈濟精舍的常駐師父見到我如此狼狽，都過來安慰我。

整體狀況只能用「慘絕人寰」來形容，我祈求老天慈悲，絕不要讓這樣的慘劇再次發生，我也不希望有生之年再次目睹如此慘況。

當檢察官把所有罹難者的大體勘驗完畢，任務結束，我緩步走出新城火車站，外面已然暮色蒼茫。望著站外停滿的救護車，我知道，等一下所有的車輛將在暮色之中，各自奔向太平洋邊的殯儀館。

而這一切也就真的即將緩緩地落幕了。

當最後一輛救護車也消失在眼前，我依然有些不真實的感覺。結束了嗎？今天的一切真的結束了？

擺脫了刹那間恍惚，怎麼才一會兒工夫，新城火車站站前廣場上，人們好似瞬間出現般的多了起來，方才還滿是救護車的現場，夜市擺上了，場景逐漸熱鬧了起來。好像剛才什麼都沒發生過，是了，一樣的星期五，只有遺忘，沒有傷痛。不看新聞，心情不會被影響，日子還是需要過下去。

據聞魚的記憶有三分鐘，人的記憶不到一分半？

我終於也走入蒼茫暮色裡。

夢醒之後

當我拖著疲憊的軀體，回到家中，卻突然發覺，今天一直用來在隧道中照明的手機，竟然不是我的手機。我驚訝的在裝著紗布、骨剪刀的塑膠袋中找到了我自己的兩支手機。一股莫名的驚恐湧上心頭，一日的震撼早已讓我沒有了平常的冷靜。打開手機，發現竟然有幾個未接電話。我竟然沒有發現，是什麼時候打的？我又是在什麼時候拿了這支手機？

我決定讓女兒回撥電話回去，查清楚電話的主人是誰？我竟然提不起勇氣自己回撥？我是怎麼了？

「妳好，我撿到這支手機，請問妳是手機持有人嗎？」對方很快地接了電話，女兒客氣地說明來意。

接電話的人，是手機持有者的母親，女兒與她說明了我的身分後，她告訴了我們發生了什麼事。

原來她的女兒是搭上出事列車乘客裡面的幸運兒，目前已經返家，可她的兩位同乘好友就沒那麼幸運了。而她親眼目睹事發時，乘坐於另一側兩位好友的罹難過程，當下所受到的衝擊與驚嚇，令她完全無法承受，雖然她無大礙，但精神上的打擊著實不小，現下完全不能冷靜的面對任何事情。手機是車禍發生時遺失的，未接電話是焦急的母親尋找女兒時撥出的。

了解以後，問明地址請女兒把手機寄回去給她。

手機對一個現代人幾乎已是不能缺少的存在，我為這個幸運的女孩感到高興，也為她朋友的不幸感到難過，在那當下，幸與不幸之間，就是生與死的擦肩而過。我完全沒有辦法想起來我是何時？何地？什麼情況下拿起這支手機。但我很高興的是，這支手機不屬於任何一位罹難者。

死亡在那當下是來得那麼突然，那麼讓人猝不及防，而目睹死亡的瞬間，又是一種什麼樣的心情？什麼樣的情緒？什麼樣的感受？我，無法想像，其實我並不真那麼好奇，因為我真心不想承受那種感覺，也不想知道那種感受。

那晚打完電話後，我、內人與女兒，三人目光交錯，我明白，當下在我們心裡充滿的是，慶幸、珍惜與感恩。

狗狗在我們身邊繞著，牠不明白發生了什麼事，但我們是清楚的，我們很清楚那位幸運女孩的母親焦急的打電話找女兒是一種什麼樣的心情，女兒也剛從外地回來，從隧道走出來的我更加明白，何謂人生無常。

無眠的一夜，情緒一直反覆不寧，反正睡不了。清晨六點和一位基隆七堵的朋友，他也是一位醫師，相約一起到殯儀館當志工，這是事發的隔天，不少家屬才從新北、台東趕到，正齊聚到殯儀館等著相認親人。

罹難者的大體經過一天已不再是原來的樣子了。是否魂魄不在了，軀體就更加自由放肆，原先已難辨識的容貌，變得只能以往生者的衣物遺物與個人熟悉度來找回親人記憶中的影像。

法警為每一組家屬展示第一時間留下的紀錄，協助家屬盡力辨識，這時候一位悲傷的父親的情緒又強烈撞擊了我。

「是的，我有送她一支運動手錶，是她的生日禮物。」在遍尋不著的情況下，父親終於說出了一項較特殊的標記，那是一支水果牌的運動手錶。是的，我有見過那隻戴著運動錶的手。

「可是她向來不喜歡穿紅色的衣服。」悲傷的父親見到殘肢之後開始抗拒著。

「原來皮帶也不是黑色的，那不會是我的女兒……」

「褲子更不會是白綠墨色……」抗拒的力道隨著遺物的增加而越來越軟弱。

當事實越發明顯時，悲傷的父親似乎更想要用盡全力的去否認，彷彿只要持續的否認，自己寶貝的女兒就會存在得更久，哪怕心裡其實完全明白，這一切只不過是他想要抓住的最後一點點時間，他的女兒還存在的最後一點點時間。

最終悲傷的父親崩潰了，那是可以預見的結果。

而我的情緒再一次遭到衝擊，這是我沒有預見到的。終於我無法承受的走到外面，我幾乎是逃離現場，我知道我感性，可經過昨日，我非但感性，我簡直情感氾濫到讓我自己都感到意外。

2021年4月2日，多麼漫長的一日，從那日起，我一直覺得我經常在一個夢裡，夢中總重複著那個漫長的一日。

那一天讓我重新思考如何面對生與死的課題，那一天讓我重新去思考，無常的定義，雖然我經常找不到什麼才是真正的答案。我還會繼續去思考，不過，更重要的是，我比任何時候都更珍惜生命，我比任何時候都更珍惜我愛的每個人，我比任何一刻，都更珍惜每一天。

也許我們的生命中都難免會有晦暗不明的時刻，但就好像穿過隧道，我們總能由看見微光開始，終能迎向一片光明。

我們總能由看見微光開始，
終能迎向一片光明。

太魯閣408次車出軌事件記實

・吳坤佶醫師

往東列車帶著清明雨
瞬間雨淚凝合
極端無理的強強殺戮
思念是被擠壓變形了妄想
傾刻想見的人
你認得我嗎？
屈辱成為片段的肢體
奢侈夢幻溫情愛人
爆開了的年輕光輝燦爛
你認得了我嗎？
中斷曾經的誓言

化成空中的　無數　黑白粒子　散開
你認我啊！

夢幻人生旅程
殘酷屠殺的現場
告誡是
意外　無常的令牌
肅殺無赦　速速如命
剩餘地黯黑山洞
拼湊著的軀體　零落散開
山谷　雲　黑旗風飄
招喊遺憾的靈魂飄遊

懷中的幼小男孩是唯一的完整
宛如呵護的天使
度過這殘酷生命現場的倖存
不要記憶
不似偉大的史詩歌賦
似悲壯的戰場
在平凡的生命中

白袍賜予的洪荒蠻力
壓按不住奈何橋上嘆息
拼湊散折的肢體
認了我罷　回首
打翻孟婆湯淋漓四溢

橫阻彩虹橋一端
拉拔一一落下深谷的靈魂
指端緊握冥界水面下沉的手臂
推關闇界大門
認了我罷　回首

殘破的我將拼湊
拾起剩餘的你
讓我們離開這陌生闇黑的隧道
途中你們耳語颼颼
無言陪著四十九位告解囑托
延遲陰司漫漫七秒　審判執行
往天際的星宿飛馳一路

未曾迷戀藍藍太平洋
模糊宣告　更沒有上殊
雲端玉山腳下魂魄浮遊
等待生活記憶模糊
瞬間斷裂家庭姻緣
給予的親情即刻剝離
或讓哀莫大於心死沉默著
天地歲月將逐　夜日折磨
將大清水記事埋於心中固化

第二篇

不敢去的嘉明湖

呼吸的時候我會想，
用意志支撐著靈魂的我們，
真的是醫療界的奇蹟啊。

阿榮，是我第一個只用醫學無法解釋的病人。

奇蹟啊，到底什麼是奇蹟呢？

有一天阿榮在浴室內滑倒，背部不小心撞到馬桶，忽然間，下肢無力，站不起身子，第一時間就送到其他醫院治療，緊急手術後，經過十三天的治療期，神經外科的醫師跟其親人解釋，很大機率阿榮的下半身自此將無力支撐身體，必須長久臥床。

在他本人尚未完全清楚自身情況前，他的親人好友求神問卜，半信半疑的決定轉院，阿榮輾轉成為我的病人。

那個時候我剛完成專科醫師訓練不久，也剛從國外義診回來，說起來一個年輕的主治醫師收到這樣轉院過來的案子反倒是必然的，我也只是點頭應好。

阿榮到院後，作為主治醫師的我得去和病患見面、和他討論接下來的治療方向，以及他所期望的治療方案和癒後狀況。

發生這樣的意外，一般神經的恢復是有時間限制的，我們每次的救治都是在跟時間賽跑，如果能在黃金時間七十二小時內得到適當的治療，恢復的機率大很多，但阿榮這個案子已經過了十三、四天，老實說痊癒的機率非常渺茫。

俗話說「死馬當活馬醫」——我想這就是家屬的心態，相較資深有名望的醫師，像我這種年輕還沒有積累的醫師反而更適合，最糟的狀況就是下半身癱瘓，不用頂著家屬帶來的壓力，因而可以更沒有限制的全力搶救。

第一次和阿榮見面時，我問：「你還想要繼續做手術嗎？」

阿榮點了點頭，對我說：「反正再差也就是這樣，我不如再拚一把，說不定老天爺願意幫我一把。」

聽到這話的當下，我沒說話，只是點了點頭。

「吳醫師，你覺得……我這個傷……會有好的一天嗎？」

會好嗎？老實說，我不知道，只能看著面前這個面色緊張、說話囁嚅，根本不像個在工地工作的男人。可我明白，這是因為經歷過太多有希望復原到後來卻依舊無望的過程，消磨掉了他的自信，如今同意再手術，是因為他沒有什麼可以再失去的了。

看著阿榮不安的臉，我說：「我會盡我最大的努力，朝著讓你能站起來的方向前進，我們一起加油。」

或許是我的話起了作用，阿榮的臉瞬間添了光彩，「吳醫師，謝謝你。」

我點頭說了不客氣，讓他安心休息後便離開了病房，可我心知，困難這時才要開始——

胸椎第八、第九節脊椎受傷，完全治癒的可能性，其實大家心知肚明，甚至這樣的傷害將對往後的人生帶來多少困難也是可預期的。

醫療會診的時候我們當然會鼓勵病患，也會告知那萬分之一好轉的機會，跟病患把最好與最壞說開了，他跟家屬都能認真考慮要不要動這次手術。

由於已經錯過了最佳的治療時機，這次的手術可能無功而返，在解說過手術可能面臨的情形後，我再次問——

「請問病患和家屬，這樣你們還是願意讓本院進行手術嗎？」

不意外地，阿榮同意了，他私下跟我說，他想快點好起來，不想成為太太的負擔。

阿榮跟他的家人都同意了手術，術中請了學長助力，開完刀當天，阿榮覺得肚子有感覺了，腹部會上下浮動，等了兩天，他甚至覺得腳踝也有感覺了，一開始我都會跟他說：「這是你的幻想，肌肉支配神經的力量應該是不存在的，我們就這樣慢慢養傷，一起先把傷口照顧好就好。」

也許有人覺得殘忍，但我覺得醫師不應該給病人不實的希望，有時候橫著心、大著膽子告訴病人最糟的狀況，才能幫助他面對現實，且更實際的照顧好自己的傷口。

我沒有想到的是，宇宙的神奇力量啟動了祂主宰我們的能力，身為醫師我也沒有辦法解釋，大概就是人家說的「冥冥中自有注定」、「這就是奇蹟」吧。阿榮的腳開始會動了，膝蓋也能彎曲了，接下來的兩週裡，阿榮漸漸找回他支配自己下肢的力量，恢復的狀況比我們預期的都好。

成功率只有萬分之一的手術成果，讓阿榮跟他四周的親友們都陷入喜悅的情緒中，我這才知道他擁有一群非常好的朋友，一直鼓勵陪伴他，更辛苦也更盡全力支持他的是他的妻子。

「吳醫師，謝謝你，自從他受傷到現在，我們一直想再開刀，每個醫師都跟我們說沒辦法，可我們就是不願意放棄那一點點的希望，現在你願意幫助我們，我們真的很感謝你。」

說話的，是阿榮的太太，外貌看著比阿榮年輕不少，兩人的感情相當深厚，據說自阿榮受傷以來，她包辦了所有事情，在醫院的照護和術後的復健，以及輾轉各個醫療院所尋求那一絲絲可能重新站起來的希望，他的太太總是不離不棄。

而這些全是在我接手阿榮這位病患後，從護理師們那邊聽來的，毫不誇張地說，醫院的護理站就是個資訊集散地，哪床的病人發生什麼事、病人們說過什麼話，乃至於病人的誰來看望過他、病人三餐吃了什麼，只要病患家屬健談、護理師有心，在這個封閉的環境中，消息流通速度遠比你想像的要快。

陸續聽說了阿榮跟他妻子的故事，阿榮的妻子比他年輕，是阿榮的續弦，在他受傷嚴重、臥病在床的期間不離不棄，不僅陪伴了這個家庭從傷痛到歡欣，後續也陪伴阿榮漫長而艱辛的復健路。

「榮哥、榮嫂，你們今天來復健啊。」恰逢經過復健室，我看到了在裡面的阿榮，便走進去打了個招呼。

「吳醫師好。」阿榮兩手緊握著不銹鋼雙層扶手，緩慢地移動著雙腳，用以復健下肢。

「榮哥，今天感覺怎麼樣？」我笑著問。

其實從手術開始到結束，再到阿榮出院後，阿榮基本上就不算是我的病患了，如今的他由復健科醫師接手，但許是在住院期間培養出來的相處模式，我和他們夫妻倆，不像是醫病關係，更接近於朋友關係了。

「剛才復健科的醫師說他情況不錯，雖然走得慢了，但沒關係，現在的人走路那麼快，好像都在趕時間一樣，我們兩個又不急，慢慢走剛剛好。」

榮嫂笑著回了我這麼一段話，我聽了深以為然，現代人被時間、壓力和工作制約，身子不輕鬆，腳步又哪裡慢得下來？

「吳醫師，今天是我們最後一次來醫院復健了。我跟我老婆說過了，想趁著還能走，我想到處去走走看看，去泡個溫泉還是去外島走一走，總之，我想看看外面的風景。」

「這樣很好啊，只是該走路的時候還是不能偷懶喔。」這句話，是我叮囑阿榮的最後一句話。

這之後，阿榮夫妻果然沒再來醫院了，但我的手機偶爾能收到他們去哪邊玩時留下的合影，看著照片上夫妻兩人甜蜜的笑，我不禁相信，世上真的有真愛。

需要放鬆就到溫泉區洗溫泉，可以走路就到山邊賞雅景，陸地上走遍了，那就一起去蘭嶼浮潛吧，榮嫂背著他，走過充滿蚵仔殼崎嶇不平的道路，到海水裡去享受，讓海水溫潤他們之間的情感，甚至聽說他們坐了郵輪離開了花蓮、離開了台灣，去看更遠更多的風情。

相較下半身癱瘓，阿榮的情況真的好多了，能夠走，雖然走不快，大多還是要拄著拐杖，偶爾還會因為肌肉不平衡而跌倒。當時的手術是把受傷的部位、壓迫的神經纖維多鬆開一點，接下來就是病人自己要面對的問題——復健對肌肉產生的力量，總是在不復健的當下又萎縮回去。

這對阿榮來說，不管心理還是身體都會產生很大的折磨。

九年後一個清涼的早上，我聽說了那個不幸的消息，那天將永遠成為令人難忘的九月九號。

「吳醫師，我老公走了，車子在嘉明湖山路發現了。」

看著手機上的簡訊，我愣住了，那個即便身有殘疾依舊對生活充滿期待的人，竟然就這樣說沒了就沒了。

失蹤兩天後的阿榮，被警察局輾轉地找到了他的車子。

出事的當下，我沒有前往案發地點，可因為彼此私下的交情，我去了阿榮的葬禮。

根據阿榮的一位親友所說，阿榮的車子停在前往嘉明湖、上山的馬路旁，一邊是山壁，一邊是陡峭懸崖，車裡留了一封遺書，一封字跡甚至已經模糊的遺書。

當長臂吊車放下長長的繩索把阿榮的大體從深谷拉上來的時候，救難消防們的形容是，大體在落地前至少在山谷石壁上撞了兩三次……

聽到這，我內心悲痛，無法想像阿榮存了怎樣的死志，會選擇了這樣的方法離開人世，這還是我認識的那個、即便癱瘓也願意和老天搏一回的人嗎？

「榮哥為什麼會這樣？」我不知道在那當下我是基於什麼問了這句話，更無法想像聽到答覆時的內心有多麼受震撼。

那親友聽見問話，低喃說……

「火來了，趕快跑（註）。」

山上的火化場，師父帶領家屬大聲呼喊，接著我彷彿聽到了一聲像是驢子發出的哀嚎聲在空中盤旋，這個聲響好像是從我的身體發出去的，恍恍惚惚，也許真是我的悲鳴吧。

裊裊輕煙飄向中央山脈的奇萊山，大家默默盯著那絲白煙，我們的親人、我們的好朋友，就這樣離開了。

喪禮結束後，我從那位親友口中，得知了我無法從手機裡偶爾收到的簡訊和照片看出來的現實——

問世間情為何物，直教人生死相許。

老夫少妻，曾有過那麼多美好的日子，也曾在遇到艱難後一起走過，但時間終究是一把刀，在磨合中成了日夜煎熬，兩人就像沒攪拌的雙色漆泥，弦管難和，雖不大吵，也不過是日日等待黃昏，等待天亮。

阿榮除了要面對復建問題，另外也有那場滑倒意外帶來的後遺症——大男人的自尊漸漸被掛在腰間的尿袋腐蝕。

最後，壓垮阿榮的，是阿榮的續弦妻愛上了阿榮提拔起來的工人。

據那位親友的口述，一開始阿榮夫妻倆是真的很照顧彼此，可當兩人結束一段旅程，回到了家，那些柴米油鹽、吃喝拉撒樣樣都要榮嫂一肩扛，再怎麼有愛，也會漸漸不存在。

阿榮的徒弟只是一個導火線，最終影響他們婚姻的，還是他的不良於行。

「出事前幾天，阿榮還來找我喝酒，喝到茫的時候，他哭著說他不想拖累他老婆。他常說，她的人生還這麼長，陪在他身邊幹什麼？都拖了她九年的光陰，她還有多少個九年可以拖下去？她如果可以有更好的人生，幹麼因為我，承受這些折磨？」

聽到這，我聽出了點言外之意，因為家裡內外全靠老婆操持，他自認自己是個廢人、無法帶給妻子幸福的生活，也不願用這具殘缺的身體留住她，最終選擇了他自以為兩全其美的辦法……

愛情這種事，就跟醫療一樣，從來沒有絕對。

聽那親友說得信誓旦旦，榮哥榮嫂過往是如何親密無間、恩愛體貼，我也都看在眼裡，面對身體上的磨難，他們倆都勇敢地挺過來，並且有相互扶持的勇氣，沒想到最後被愛情給攪了局……

我們再不會知道阿榮離開這個世界的決定是怎麼下的，只能猜測也許身體折磨了他的意志，也許是愛情消磨了他的希望，也許他想著他自己畫下一個句點吧，把曾經屬於他的愛讓渡了吧。

我不知道阿榮怎麼想的，只知道回家後我有些悵然，阿榮沒有癱瘓明明是個奇蹟啊，但為什麼路走著走著就再也不通了呢？

也許人生的路從來都不是用雙腳走的，多年前那場意外，阿榮沒有失去他走路的能力，卻失去他走下去的意志了。

愛情沒有對錯，人生也沒有。

就這麼走了也許是自我的解脫，對所愛堅持的一切放手，可活著的人要承受多大的痛苦，死去的人永遠不會了解。片面地決定別人的人生這種行為，在我看來，多少是有些自私的。

在病魔面前，少有人能一直勇敢，但如果在脆弱生起時能找到轉念的光，受到引導，繼續奮鬥的意志絕對是不容小覷的。

呼吸的時候我會想，用意志支撐著靈魂的我們，才真的是醫療界的奇蹟啊。

註：台灣傳統習俗。習俗上認為人過世之後，「魂」「體」就會分開，親屬們擔憂魂魄若想回到熟悉的肉體會被火焰燒傷，便有了大喊「火來了，趕快跑」以提醒親人魂魄離開的習俗。對親屬來說，亦可藉由此習俗達到情感宣洩的效果，以表達對往生親友最後的思念。

第三篇

國姓廟口的三炷香

你有聽說過好事會吸引好事嗎？

每天每天，

這座香爐都有阿霞的善念跟著裊裊香火散播出去。

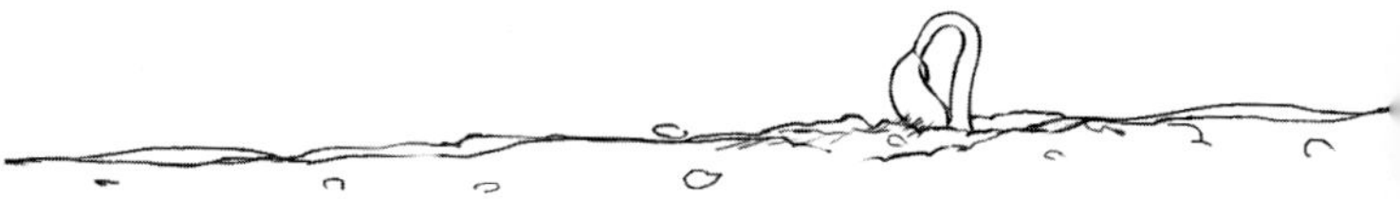

在這場車禍中，實際上有兩個受害者，甚至三個受害者，但在一個善念之下，轉變成三個有福的人。

你有聽說過好事會吸引好事嗎？

「老婆，我出車禍，撞到人了！」

手機那頭立刻傳來驚呼，「你有怎樣嗎？對方如何了？有報警、叫救護車了嗎？」

「妳別緊張，我已經報警也打電話通知救護車了，現在正在等醫護人員到來，打電話給妳，是要跟妳說我今晚可能回不去了。」

「沒關係，你就在花蓮把事情好好處理完再回來，我在家裡不會有事的。」

「好，我知道，妳有什麼事情就打電話給爸媽，我這邊處理好就馬上回家。」

遠方，救護車和警車的聲音響起，男人道：「警察跟救護車來了，先掛了，別擔心我。」

「一切小心。」手機那頭的女人道。

雨夜裡，救護人員小心翼翼地把傷患抬上擔架、送上救護車，然後一陣鳴笛聲響，車子飛快地往醫院狂奔。由於是下雨天，警察往現場拍了照，做了紀錄就想讓男人跟著他們回警局製作筆錄。

男人道：「警察先生，不好意思，我很掛心剛剛那位女士，能不能問一下救護車把她送去哪裡，我想聽聽醫師的說法。而且我這個肇事者在，受害者家屬到了，我也能馬上跟他們解釋，請求他們的原諒。」

他的要求很正常，而台灣的警察也不是那麼不通情理的，於是同意了他的請求，詢問到了傷者被送往何處後，在警察的陪同下，驅車去了那家醫院。

到了醫院，一進急診室，問了一下剛才送來的車禍病患在哪裡後，急診室醫師就對男人說：「這個患者傷得很重，可能要截肢。」

躺在病床上的女人一聽，馬上哭喊起來，反覆說著她不可以被截肢云云的話。

男人聽了不捨，立刻詢問能否轉院，在急診醫師猶豫的神色評估下，同意了轉院，並且立即聯絡了接收的醫院，請他們做好準備。

在再次被送上救護車前，男人對傷者道：「妳放心，我一定會找人治好妳，真的治不好了，我也會負擔起妳日後的生活開銷。妳安心搭著救護車去，我隨後就會跟過去。」

這是一個下雨的季節，依稀記得是剛過完年的雨季，花蓮的雨夜是昏暗孤寂的，救護車響起的鳴聲卻是這麼焦躁、刺痛人心。

正值我值班的晚上，一位環保志工發生車禍，雙下肢骨折，右腳是脫臼骨折必須馬上處理，左腳是開放性骨折也不能等，幸好病人的意識還是清楚的，目前正在輸血中，急診室把這些信息傳過來，代表這個雨夜住院醫師、麻醉科醫師，相關護理工作同仁們要陪著病人一起度過，我們在開刀房迎接黎明。

其實這病人是其他醫院轉過來的，據說一開始的診斷是雙腳必須截肢，肇事者不同意，要求救護車緊急再轉送到我們醫院。

肇事者是台北來花蓮出差的中年人，開著性能相當好的轎車，因為在雨夜中行駛視線不明，意外撞上了回收紙箱的婦女。

做手術評估、病情解釋的過程中，原以為這位說出無論什麼代價，都希望醫師能幫病患把雙腳留下的先生是婦人的家屬，後來婦人的女兒來到手術房前，才知道這先生是一個負責任的肇事者。

動了兩次手術，婦人的兩隻腳在一個多月期間幾乎完全復原了，自己走下病床去上廁所都沒問題，常見她跟著大家樂呵呵的坐在床邊聊天。

我查房的時候，沒見肇事者來探過病，想著這麼剛好都錯過了嗎？從先前堅持要治好婦人的態度看來，應該是個很正派的人啊，況且這叫阿霞的婦人也從沒有任何抱怨，心中猜疑，順口問了阿霞，才從阿霞口中知道始末——

肇事者我們叫他銘董，車禍那天，銘董就把自己在花蓮撞了人、傷了婦人兩條腿的事情打電話跟家人說了，彼時，他懷孕八個月的太太便囑咐他一定要盡力幫忙受害者，不料，他太太不過事情發生的幾天後就早產了，這個月銘董幾乎都陪在妻小身邊呵護著他們。

阿霞說：「銘董人真的很好，老婆早產了，還先來醫院跟我說他要回台北照顧老婆小孩，又把我的醫療過程安排得很好，真的很謝謝他。」

聽到受害者感謝肇事者，雖然感覺怪怪的，可我明白阿霞的心情，因為銘董打從一開始就勇敢地擔起肇事責任，不說那些該他擔負起的賠償，就連阿霞住院的醫療事宜、後續照護和家庭收支撫慰金等等，他都一肩扛起，這在趨近冷血的現代社會，可謂是一股清流了吧。

「阿霞姊，沒有人在跟肇事者說謝謝的啦。」隔壁床的看護阿姨笑著說道，「那是妳幸運，遇到像銘董這麼有良心的人，不然妳看看我老闆，哎……同運不同命啦。」

看護阿姨說的老闆，正是她負責照護的那名病人。

對於看護阿姨的老闆，我有印象，同樣是車禍送醫，但他倒楣了點，明明是像往日一樣，在清晨時分外出買早餐回家，誰知經過走了幾十年的路口時會遭遇小轎車撞擊。

「砰」的一聲，撞醒了附近的人家，可等人開門出來看時，馬路上只剩昏迷不醒的他，肇事的那輛車早已不知所蹤，到目前為止，警察都還在找人。

由於撞擊力過大，送醫急救後，他被醫師宣判下半身癱瘓，雖然下半身還有感知，但想恢復到正常生活，希望十分渺茫。

看了看錶，我看診的時間要開始了，又和病房內的人說了兩句，便離開了這裡，然而踏出病房門的那一刻，我不禁想起看護阿姨說的那句「同運不同命」，再回過頭來看阿霞的遭遇，或許，我該替她和銘董慶幸，因為這起意外，沒有一個人受到傷害。

這起意外第一個受害者是冒雨工作的阿霞，她在下著雨的路上艱難的踩著一輛載了滿滿紙箱的三輪車，在視線昏暗中被這位台北來出差的先生撞斷了雙腿。

第二個受害者是肇事者的太太，銘董的妻子已經懷孕八個月，收到消息的時候還是非常焦心，擔心老公也擔心受害者的狀況，在壓力下早產了。

第三個受害者也是肇事者的銘董，妻子的早產加上害了人住院的壓力都讓他身心煎熬。

但是阿霞從一開始就能感覺到銘董的歉意與關心，她原諒了這個撞了她的車主，甚至感謝銘董的堅持讓她不用截肢，所以在院期間她體諒銘董要在台北陪妻小，她甚至每天祈禱銘董早產的小朋友能夠健康平安。

兩個月後，門診時阿霞跟我說銘董的孩子可愛健康的活在這個世界上。

我一直相信，好事會吸引好事，善念能被延續，這場車禍在肇事者沒有選擇草草了事的瞬間，就已經注定他們能成為有福之人的結果。

一念之間，真的是一念之間，做選擇的時候多的那點善念，往往都能得來福報，行醫期間總不斷被驗證。

後來阿霞沒回去做原來的工作，在花蓮溪一帶有一間小小的國姓廟，廟祝善良慈悲，主委希望能有一個人做國姓廟裡外的清潔工作，因緣巧合，阿霞就到了這裡常駐打掃。

阿霞來了之後，國姓廟裡的香爐也開始常駐三炷香，第一炷香是祈禱銘董跟銘董的妻小都能平安，第二炷香是祈禱幫她開刀的醫師能平安，第三炷香是祈禱她自己能夠繼續在這間廟裡打掃奉獻、延續這三炷香。

每天每天，這座香爐都有阿霞的善念跟著裊裊香火散播出去。

靜思語中曾提到三好運動，意即「說好話，做好事，存好心」。

在這三個教人與人為善的行動中，最重要的便是存好心，都說「好人有好報」，這句話的真實性有待自證，可若是一開始懷著惡意去揣度、與人相處，那麼再細微的好事都不會找上你。

反之，當你對所有事物都抱持著善意，與這個世界和平共處，那麼，再大的厄運都能夠化險為夷。

如此說下來，或許要以為我太崇信玄理了，其實不是的，因為好也是過一天，不好也是過一天，與其懷抱著悲觀與仇視過日子，那麼不如試著與自己和解、與世界和解。

當你學會了以善心來看待世界，那麼你的所思所想所為，自然而然就會以善出發，給這個世界多點美好。

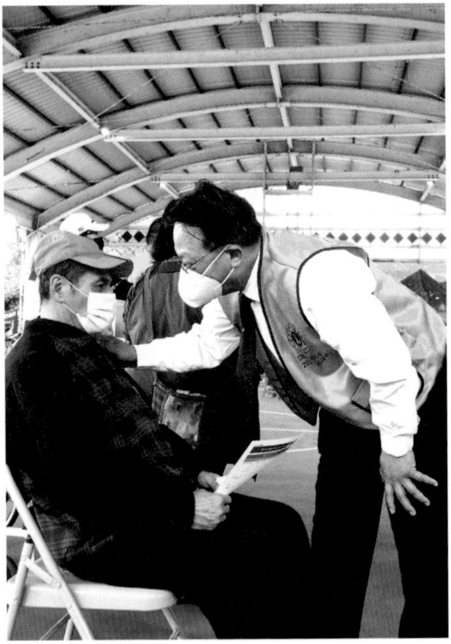

第四篇

台東的蘭花草

手術房裡飄著一股不尋常的異味，
彷彿幽幽的蘭花香，
素心蘭也有隱喻人生、壽命之意，
花謝有時，然高潔的節操與姿態是不會衰敗的。

壞死性筋膜炎是一種比較難挽救的身體發炎狀況，是自體免疫力的減弱。肝疾病、糖尿病患、日夜顛倒的生活型態等，都有可能導致壞死性筋膜炎，是很難醫治的感染狀態。

情況大約是這樣的，當人體免疫力不夠的時候，就算只是普通的細菌，它會走到筋膜裡面，接著串聯擴張，一直延展到了整個身體。我們身體在中胚層和外胚層間有一個發育間隔膜，隔開了內臟與外皮，細菌走在界線上，延著這個薄膜界線不斷擴張，因此它可以很安全的存在這個介面裡。

大多抗生素是沒辦法滲透到這個地方來的，且基本上是你的自體免疫已經潰敗，無法抵抗這個細菌。

在我遇過的案例中，六個病人走了五個，真的是束手無策。但每當我這麼想的時候，機率就會突然從數學問題變成哲學問題。

A某是台東的房地產商人，專做東部開發的案子，經營蒸蒸日上的時候真是風光無兩，但風光總是要付出代價的，白天必須帶人看屋看地，晚上更要社交應酬，大多吃飯喝酒打麻將到深夜，接著又是白天的行程，睡眠的時間很短，飲食也不正常，人幾乎沒有足夠的休息。

A某從台東輾轉送到花蓮來，急診指定照會時，透過X光，能看見病患的肝功能很無助，而他整個人也處於半睡半醒之間，說實話已經是一隻腳踩進棺材裡，但接下來要怎麼做也只能等到他意識清醒。

發病危通知屬於醫師很難處理的一塊醫病關係，但還是得明確告知病人他的存活率、他的未來。

過了三四天，一個明朗的下午，A某醒來了，但情況依舊不好，當著他妻子的面，我告訴他這樣的病有多可怕，要麼就這樣拖著看身體可以撐多久，要麼就動手術賭機率，術後更要完全改變自身的生活作息，且就算動手術，手術效果也很有限，屆時整個清創造成的傷口又大又難照護。

聽完我說的話，A某表現得很冷靜，反倒是他的妻子B某已經淚濕衣襟，好似我是死神，是前來宣判她丈夫的死期。

但醫師這個職業就是這樣，迎生送死，每天看盡悲歡離合，雖是如此說，但我所在的骨科，已經是較少接觸到了，除非有特殊案例出現，很不幸地，A某便是。

「醫師，你說的話我了解了，我會再跟我太太討論一下。」A某如是說道。

我說：「你們夫妻好好討論一下，但我希望可以盡快做出決定，畢竟你的狀況很不好，很可能會再次昏迷。」

「我明白的，謝謝醫師。」

我點頭示意，轉頭安慰B某幾句，帶著護理師、實習醫師等人離開了病房。

B某說：「這下怎麼辦，嗚嗚嗚……我們家不能沒有你啊，你走了，讓我跟孩子怎麼辦啦……」

從台東到花蓮，B某的心就彷彿吊在懸崖最高處，既落不到實處，一有什麼風吹草動，那顆心便搖晃不停，時時驚懼著。

而從她說出口的幾句話，不難判斷她是個傳統的女人，還有著以夫為天、男主外女主內的信念，所以家裡的頂梁柱一旦出現問題，留給她的，往往是擔心害怕，即便她知道自己應該要堅強。

「老婆，對不起。」A某一開口便是一句對不起，「我只是想給妳和孩子過上好生活，總想著我再拚一點、再辛苦一點，妳跟孩子就多一點錢可以買些保養品、玩具，或者一家人偶爾可以上飯店吃點好東西，怎麼想得到，只是和客戶這樣喝個小酒、打個麻將就把自己的命搞到要沒了……」

說到這，A某也是一臉懊悔，他一直都知道自己的作息有問題，甚至為了搶單、搶客戶，又菸又酒的，再怎樣康健的身子也要變得不健康。

「老婆，對不起，沒有好好聽妳的話。」

「現在說這麼多有什麼用？你都躺在這裡了……」說著，B某嘴巴張了張，卻始終問不出那個核心問題。

然而夫妻多年，A某哪裡會不曉得妻子的想法，他嘴角勉力揚了揚，「我想了想，我想開刀。」

「可是……」B某話還沒說完，就被A某打斷了。

「因為我想再陪妳跟孩子久一點。」

這一句話，讓B某鼓起勇氣，同意在手術同意書上簽字，她說她要的不多，就算餐餐都吃清粥小菜、日日素顏朝天都不要緊，她想要的很簡單，他們一家人都要好好的而已。

沒看過被嚇的病人如此冷靜，沒有疾呼也沒有慌亂，隔天一盆清香的草蘭又名素心蘭，放置在我診間的桌上，他說他願意承擔這個手術的風險。

「那好，我馬上幫你安排開刀時間。」得到好的答覆，我立刻就想替A某開刀，畢竟他的情況是真的不樂觀。

A某說：「這花送你。」

我忙著聯繫開刀房、協同開刀的人員，聽到他的話，下意識就說：「謝謝，但醫院規定，不可以帶花進來。」

話才說完，我依稀聽見A某呵呵笑了起來，接著他說：「吳醫師，這花我有罩套子。」

聽到他這麼一說，我終於分神給了那盆花一個注視禮，那是一盆淡綠中帶白的蘭花，隱隱透著一股淡雅的氣質，即便是不懂花卉如我，也能看出這盆蘭花品相極佳。

「醫院規定，醫務人員不能收禮。」

A某卻道：「這叫觀音素心蘭，是送給吳醫師的結緣禮。」

說完，他慢悠悠地推著輪椅出了診間，而我，呆愣愣地瞧著那盆花許久。

不過幾天，A某躺在手術台上，即將進行麻醉之時，他忽然問了我一句，「吳醫師，我能平安地離開開刀房嗎？」

在這當下，我忽然明白了他送花的用意，他是期望得到安慰的。

在病房內，他得安慰無助的妻子、孩子，可作為一個病人，又有誰安慰他了？

他身上的重擔一直是那麼的重，無論他生或死，他肩上扛著的，是一個家庭的重量。

在我了悟的當下，我對著他說：「這事，我無法向你保證，但我會盡我所能治好你。」

將A某麻醉後，複雜的治療也緊接著開始——

他的情況是必須將整個大腿肉大刀劃開、攤開成平面，用碘酒清水將每個骨肉之間的縫隙一一清洗乾淨，幾乎就像掛在傳統市場肉攤上的肉一樣，從髖關節到大腿骨、一直到膝蓋完全縱切分離，筋肉分野。

麻醉之下病人當然不會疼痛，痛的是這些做手術看到的人，醫師、護士、麻醉科、實習的。

這個病患後來奇蹟似的復原良好，回到台東後非常珍惜生命，改變了生活作息，甚至改吃素食了。

更奇蹟的是，在目睹整個大腿肉劈開的過程裡，手術房裡飄著一股不尋常的異味，不屬於這間冰冷開刀房的金屬味，彷彿幽幽的蘭花香，奇幻的異香。

素心蘭一般代表活潑、開朗、高雅，但因其花型俊逸卻又幽靜開在山谷中的姿態，也有隱喻人生、壽命之意，花謝有時，然高潔的節操與姿態是不會衰敗的，會被人永遠記得。

在下定決心動手術的時候，他在想什麼呢？也許不是庸俗的機率問題，是想起了蘭花吧。

這彷佛神蹟般的情況，讓我選擇相信，相信手術得以成功，是願力的作用，A某渴望健康出院，而我祈願能治好病患，讓他平安出院。

或許有人要說我堂堂一名醫師不敢肯定自己的醫術，反而說這可能是神佛的力量，但很多時候不是不敢肯定自己，而是不由得你不信。

老一輩人常說，要人也要神。

若沒有人的努力改善，那麼神明就算有心想幫，那也是幫不了的。

同理可證，那盆如今在我家養得好好的素心蘭，就是最好的證明。

彷彿神蹟般的成功手術，

總讓我相信是願力的作用。

第五篇

趕場的歌仔戲班

那個濃厚沉重憂鬱的藍色，
漸漸在小珍身上消散，
我始終相信，懷抱著信念，
你所遭遇的悲痛冥冥之中會用別的方式被撫平。

車禍造成骨折的病例中，很少有四肢都斷了的。

這個抱著兩歲小朋友的媽媽，就是其中一個比較少見的案例。

那一秒，母親的雙手雙腳像玻璃罩一般，罩住那如自己生命般珍貴的脆弱玫瑰。

小珍的先生在歌仔戲班中負責鑼鼓陣並兼當司機，小珍則是負責幫主角準備衣服、替代戲服、化妝之類的後台工作。

雖說現代社會的發達逐漸造成傳統技藝的沒落，但每逢節慶有廟會活動時，歌仔戲班還是很受歡迎的。

那天就是每個忙季中普通的一天，在屏東結束一場演出後，小珍跟丈夫要趕回花蓮繼續參加另一場廟會活動，行駛在筆直的台東大道上時，因為疲勞駕駛，發生了車禍。

病人要進開刀房前，護理人員會再次確認病人的身分？受傷的位置是什麼樣的狀況？知道要開什麼刀嗎？有沒有其他疾病，或者有沒有戴假牙之類的，也會稍微詢問意外是怎麼發生的來確保沒有缺漏醫治關鍵。

小珍的記憶中，她坐在小發財車加裝了車棚的車斗上，這種車在台灣的道路上並不少見，多是用來載貨，但也不少人會在車斗私自安裝座位，便於載人，而小珍夫妻倆的車便是這樣。

她和孩子的身旁是一箱又一箱的道具和設備，兩個人就擠在這狹小的空間內，可儘管空間很小，母子倆卻是帶著笑，緊緊依偎在一起入睡。

只是，這溫馨的畫面卻被一陣猛烈的撞擊破壞。

當撞擊力襲來，小珍還沒搞懂現況，身子先下意識地行動，她用自己的雙手雙腳緊緊圈住孩子，兩個人在作用力下跟著那一箱箱的東西被拋飛出去，她兩隻手為了保護懷中的孩子，直接撞到前側檔板，兩隻腳也同時撞斷了，但她仍緊緊抱著孩子……

到院時，小珍的意識其實已經薄弱，身體上的疼痛狠狠折磨著她，可她知道自己還不能昏厥過去，因為她的小孩得先得到救治才行，所以當耳邊的嘈雜聲逐漸遠去，氧氣罩覆蓋到臉上，準備施以麻醉之時，她口中仍喃喃念著——

「先救我的孩子……」

雙腿骨折可以用骨髓釘處理，讓大腿骨接回去，對醫師來說不困難，倒是對病人來說復健比較需要耐心。

在復健室中，小珍積極配合治療，而她的丈夫雖然身上也有傷，但每每到了小珍復健的時間，他總會陪在她身邊，每當小珍提出想看孩子、想要打聽孩子的情況時，他也會耐心回覆。

「妳傷得很重，先照顧好自己，這裡是醫院，醫師跟護士會照顧好他的，等妳再好一點，我再帶妳去看他。」

「可是沒看到孩子我總是心不安……」

夫妻倆聲音不大，可丈夫的低語聲聽在一旁的護士和復健師的耳裡，本就安靜的空間，變得更加地沉靜了。

而每日從復健室回去後，小珍也會在病房中來回走動讓雙腳多活動，即便雙手因為傷及關節，比較沒有辦法活動，可在小珍的耐心堅持下，僅一個多月的時間，雙腳跟雙手都已經慢慢恢復功能。

唯有一件還沒有恢復的事，我們沒有告訴小珍。

在小珍的記憶中，她用盡全力緊緊抱住了孩子，受傷的只有她的手腳，事實上，車禍當下，孩子被拋出車外，當場往生了。

經過與家屬的商量，有一段時間，醫護們也都幫忙隱瞞了這件事，希望小珍可以專注於復健，最後，這個令人傷心的消息，是由歌仔戲團長他的乾媽來告訴小珍。

得知真相的那一天，病房內，是小珍崩潰痛哭的聲音，和她丈夫滿是自責的言語。

「為什麼會這樣？我明明有抱住他，怎麼會這樣？」

小珍兩眼無神，口中不斷喃喃地問著為什麼，她想知道，為什麼自己努力維護了，孩子依舊離她而去？

「是我不好，如果我跟團長說休息一下再上路，妳跟孩子就不會遇到這樣的事情，都是我的錯……」他跪在妻子的病床前，哭著求她原諒。

這一天，以往還能笑著對小珍說加油，讓她安心復健的同室病友，和同行卻不在同一車的團員們，沉默了，也哭了……

病人癒後良好出院，但我們都知道，這個媽媽的心還沒有癒合，她還是病人，只是這次必須靠她的家人跟她自己來治癒了。

兩週後，小珍回診，除了左手有一些部分還沒完全長好，其他幾乎都正常了，下一次回診是三個月後。

當時，小珍下意識看著手的動作讓我有點心塞，那是一雙媽媽的手，本來抱著孩子的手，如今手好了，手上卻是空蕩蕩的。她的眼神還是憂鬱的，無法真心為自己的健康感到高興的那種抑鬱。

骨科回診大部分都要照X光，看骨頭有沒有長好，骨幹有沒有長正，但三個月後的這一次回診，我卻沒辦法幫小珍安排，因為小珍去婦產科做了檢查——她懷孕了。

那個濃厚沉重憂鬱的藍色，漸漸在小珍身上消散，跟剛出院時、第一次回診時的她，完全不一樣了。

九個月後，小珍大著肚子來完成最後一次四肢機能檢查的追蹤。

除了無法作檢查的X光，小珍的復原狀況良好，看著她的笑，我能感受到她對即將出生的新生命有多麼地期待。

陪她來複診的，是她的丈夫，或許是告知第一個孩子死於車禍的那一日的記憶太過深刻，那時他痛哭的神情和眼下略帶壓抑的面容，總讓我掛心，正好當日小珍也要去婦產科回診，我便讓護理師陪著小珍去，而她丈夫則被我留了下來。

我告訴他，「你太太復原情況很好，孕期過程也很順利，生產時應該不會有太大問題，你可以放心。」

我以為他憂鬱的面容是生怕小珍生產時太過痛苦，以及產後的情況會影響到她受過傷的身體，可惜我想錯了。

他說：「吳醫師，我沒想過會這麼快就再次迎接一個生命的。」

在他的闡述中，我得知了這個孩子來得意外，卻也救贖了沉浸在悲傷中的夫妻倆，看著因為腹中小生命而漸漸變得開朗的妻子，小珍的丈夫隱約鬆了口氣，可另一個擔憂卻也生起——

這個即將到來的小生命，在小珍眼裡，是否成了前一個孩子的替代品？

關於這個問題，我沒有立場問，小珍的丈夫則不知道該怎麼問。

「醫師，我該怎麼辦？」

從他的神情、語氣，我知道他能分辨出這兩個孩子存在的意義是不同的。

我說：「好好談談，告訴你太太你的想法，然後聆聽她的痛苦與喜悅，你們需要共享這一切，才能更好地面對未來。」

兩年後，小珍再次出現在門診，我們都有些訝異，求診的主要原因是右手疼痛，便安排她照了X光。

右手肱骨舊的骨折處竟然沒有長好，而且鋼板上的螺絲已經斷裂。上手臂骨折本來就比較不容易癒合，但情況這麼糟還是得詢問一下病人的生活習慣。

小珍這才說，生產後，她非常非常珍惜這個孩子，每次都是自己抱，自己抱了才有安全感，這麼時時刻刻、珍惜的抱在懷裡。

因為是來看診，小珍當然沒有帶著孩子，只是我這次彷彿能從那一樣空蕩蕩的雙手上看到了幸福。

聽著小珍談論起孩子時幸福的模樣，我不禁想起她最後一次來看診時我和她先生的短暫談話，我想他們夫妻一定是跨過了那道坎，縱使身體上的疼痛被抹去，心靈上的苦痛也還未消退，可他們已經勇敢地面對起新的人生了。

安排小珍再做了一次手術，重新安裝鋼板並加上補強骨頭，並且提醒她還是要量力而為才能健健康康陪孩子長大。

在小珍住院期間，我看見了那個目前才一歲多的孩子，生得很可愛，只是小珍即便有一隻手不方便行動，那隻完好的手，也會在伸手就能碰得到孩子的地方，我知道，這是母性使然。

我不覺得新的生命能替代舊的生命，用了「新舊」或「替代」這樣的詞語都是對生命的不尊重，我只是相信，懷抱著信念，你所遭遇的悲痛冥冥之中會用別的方式被撫平，不能放棄的唯有信念。

是因為小珍懷抱著希望繼續往前走了，所以她的骨頭癒合了，她的悲傷也癒合了。

失去固然令人同情，再次獲得卻讓人欣喜，在我看來，如何讓有相同情況的家庭清楚意識到，失去的那一個孩子與如今新生的孩子是不同的個體，這才是為醫者、為人父母者該面對的課題。

沒有人願意成為誰的替代品，因為每個人都是世上獨一無二的存在，好比你，也好比我。

生命的意義，不是被誰所擁有，而是當你擁有時，你所感受到的喜怒哀樂，這才是生而為人的意義，也是一生中最無可取代的存在。

當你擁有時所感受到的喜怒哀樂，
便是生命的意義。

第二部

拾光日記

隨著書寫，
記憶中的吉光片羽被解封，
我曾以為不過是日常的平凡，
奠基了我更向著光行的信念。

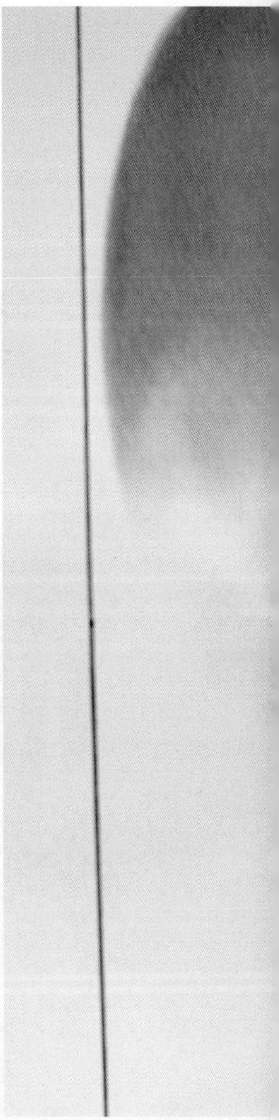

只要這世上還有一個人思念你，
你的靈魂就不滅。

第一篇

腹餘保暖你的手

她體內殘留的餘溫比解剖室裡的空氣還暖，
我的雙手竟然有點捨不得離開那個腹腔。
用不同的角度看待，會發現——
死亡沒有我們想像中冰冷。

近年來，台灣興起一股賞花賞葉的風潮，常見的有櫻花、杏花、桃花、楓葉等等，新興的則有風鈴木、落羽松、波波草等等，顏色雖單一，可數大便是美，那在眼前一片鋪展開來的美景，也是令人心中震撼。

我也曾跟過這陣風潮，在每個季節，都安排自己來一趟出遊，除了是陪伴因為工作關係甚少待在一起的家人外，也是讓自己轉換心情，沉澱之後，以全新的心情再度回到工作崗位。

然而幾次的出遊中，我曾訂過福壽山農場的小木屋，看著落英繽紛，偶爾還能碰巧撞見下雪的銀白世界，或是一整片山林被秋風吹紅了，整座山谷好似被烈焰包圍，不管何種景色，可我最喜歡的，還是秋天的樣子，尤其是我還在奧地利留學時的秋景。

跟台灣不一樣，高緯度地區的秋天風情非常鮮明，像維也納的馬板栗林，北京的銀杏林，斯圖加的楓葉林，總感覺樹神都是嗜美的，應著節氣從衣櫃拿出今年最華麗的彩衣，映襯最拿手編排華麗世界的地母。

葉子大多在八月十五之後慢慢變黃，可以掛在樹上兩個月，黃澄澄的很亮眼。特別是維也納皇宮狩獵區場子的林蔭大道，不僅景色優美，秋高氣爽的天氣也很舒服，這個城市在換裝的季節是真的很漂亮，下午茶過了，還會相約在這裡散步、聊天、慢跑。

維也納郊區有一戶好美的人家，坐擁兩三百坪的葡萄園，不算大，就像花東縱谷鶴岡的柚子園一般。叫人難忘的不僅是醇厚馥郁的葡萄酒，還有一整年醞釀出來的葡萄酒文化，以及延伸發展的音樂、舞蹈、詩詞歌賦，甚至法律醫學，隨著美好文化的培育，生活的幸福感也啵啵啵誕生。

處在整個奧地利阿爾卑斯山東脈，石灰質丘嶺上，隨著慢慢熟成釀造出的紅酒、白葡萄酒、粉紅玫瑰酒，農忙之餘，每個村莊的人們開始高興的舉辦豐收慶賀祭典。晚秋，沿著多瑙河畔，盡是歡欣的氣氛。

即便是這麼這麼多年以後，我的身體似乎都還能感受那樣的秋，滿目黃澄的秋、酒香瀰漫的秋。

不過除此，維也納也還有別種風情記憶在我的身體中。

維也納醫學有其先進的背景條件，在1756年除了一般解剖課之外，還有病理解剖、法醫解剖，開啟歐洲明文允許人體解剖的歷史，過去可能因為政治角力、宗教因素、文化禁忌而讓人體解剖沉寂，如今隨著社會成熟度，醫學生在成為正式醫師前，這將成為他們明白「真相」很重要的一堂課。

人們在身體器官留下的痕跡比你以為的更多，解剖不只是讓人明白死因為何，還包含這個人的生活習慣、七情六慾、是是非非，林林總總不管正面還是負面的證據都會留下來。

病理解剖在每間大醫院都是獨立科系，我想起白色巨塔裡常有一個跟科系有關的笑話——外科是什麼都做，但什麼都不知道，內科是什麼都不做，但什麼都知道，病理解剖科則是什麼都知道也什麼都做了，但什麼都太晚了。雖說是笑話，但其實也給了醫師們精進的方向。

實習的時候被分發到北維也納一間以養療復健為主的大型醫院，兩三千床的醫院裡，各科分散在一座小山丘上，總佔地約有十甲地大。

高大的常綠松木，枝枒分叉的白楊樹，葉子落盡的菩提樹，分散在院區園道。每個醫院科室之間都用電動小火車的鐵軌連接著，藉此送餐、送物品、送醫療器材等等。

這麼大的院區裡，病理解剖科被安置在山丘的犄角旮旯，位處最後一棟。這裡有一根煙囪，不是壁爐用的那種，也不像磚窯那麼大，那是火化場的排煙管，隔了一小扇圍牆木門，後面就是一大片墓園。

每次要上班的時候，就必須走到這最遠的後區，還沒到科部之前，隔了兩百公尺，旁邊有一間守衛室，守衛養了兩隻德國大狼犬。這兩隻大狼犬很機靈，每次看到陌生人接近，總是會貼身嗅聞，緊跟著讓你不敢造次，可是只要牠們看到你是往病理解剖科的方向走去，牠們就不再跟著你了。

剛過完聖誕節，氣溫停留在四度，前幾天的一場雪，靄靄蓋住整條街道，天灰撲撲的，一兩隻小鳥在松樹間來回跳躍，偶爾把松樹上的雪震落了下來。

雖然有些教職員仍然在過聖誕假期，但在醫院的工作是不會也不能停歇的。早上七點鐘，看到病理科主任的車已經停在門口了，我起腳趕緊衝進去會議室，猜想今天的業務量一定會比較多。

這麼大一間醫院，平均每天都會有三、四個病人在夜裡往生，這些病患會送到病理解剖科，做病理解剖，寫死亡診斷書。

說起來很多很多主治醫師終身不會接觸到活著的病人，他們的職涯就是在病理解剖中度過，做病理研究，寫病理報告，也知道最多真實的死亡真相。對於不善社交，不喜開業謀生的醫師來說，跟病理解剖結緣，似乎是一個滿不錯的決定。

在一個月又零三天的解剖訓練後，我已經能夠獨立操作，並幫忙專業的專科醫師處理一些大體。

這次，高大的德國主任親切的說：「你今天就單獨完成工作吧！」

今天分配給我的往生者是一位身形瘦小的老婦人，自然死亡沒有什麼其他病症，也沒有插管或者是氣切，初步判斷是心因性休克，多發性器官衰竭導致的自然死亡。

在奧地利的病理解剖是完整的解剖過程，是不論死因為何都必須從頭到腳仔細檢查。從口部到肛門，所有內臟包含心臟、胃腸、卵巢子宮、生殖器官、淋巴腺等等，連骨頭都要做出醫療判斷的標準解剖。

從器官組織中，醫師可以了解這個病患過去生過幾個孩子、得過什麼病、每天抽了多少煙、生前吃過什麼東西，就好像翻看這個人的生前履歷，說起來如果醫師夠仔細，病患幾乎是沒有祕密的。

解剖室是沒有暖氣的，有時候比外面更冷，我渴望能夠趕快進行完工作，做完頭部的檢查，將頭蓋骨縫合，接著從下顎骨開始把食道、氣管，一路到前腹腔內的器官、再到肛門下端取下。

解剖的過程中，雙手在病人的腹腔裡會停留約莫二十分鐘，這二十分鐘讓我感覺這婦人可能是在凌晨三、四點的時候往生的，她體內殘留的餘溫比解剖室裡的空氣還暖，我的雙手竟然有點捨不得離開那個腹腔。

用不同的角度看待，會發現，死亡沒有我們想像中冰冷。

每一個有可能讓我們懷疑病因死因的器官，我都會取下器官的組織來做切片檢查，此時婦人的五臟六腑已經都離開身體，腹腔內用填充物重整為原來的樣子，開始做身體的縫合。

檢視腸子的時候，我發現這位慈眉善目、自然善終的婦女，肝腸都很乾淨，沒有任何殘食汙廢，不得不說古人說的「相由心生」對我來說是這樣的，腸子透亮乾淨，死相安寧，即便是大體都不會讓人感覺冰寒恐怖，反倒覺得一切都是生於自然、歸於自然。

主任總會過來勘驗，像幽靈一樣，不聲不響的出現在我背後，好像從牆壁浮出來一般，不知道已經站在我身後多久，點點頭也沒說話，暗想接下來案例報告時，應該是不會被檢討的。縫合好婦人的身體後，替其穿上原先的衣服，接著大體會由醫佐慢慢推出去，置放在棺木裡，準備給家屬領回。至此，算是一件工作的完成。

相處多了，覺得那兩隻德國狼犬對我也變和善了，我開始會給牠們帶一些供品，麵包、狗餅乾之類的，還為牠們起了中文名字，東東與嘻嘻，算是正式取得牠們的友誼與認可，可也只能在牠們的工作區域一起玩耍，給牠們摸摸頭，但如果要帶他們到我工作的地方，牠們是不願意的，時常頭也不回的回守衛室。

病理解剖室，這個區域是牠們的禁忌，很不想來，也不願意來。

是因為狗的鼻子靈敏到能聞到死亡的氣息？還是悲傷的氣息？

建築物的二樓是辦公室，開完檢討會正在等切片組織硬化的時候，樓下總是會傳來暗幽悲戚的哭泣聲，偶爾從窗口看出去，是家屬推出棺木時將內心的悲痛吐出。

我總想，說起來他們親屬的五臟六腑早已經被我掏空了，此時這些悲哀傷痛的對口，應該是他們心裡留存的那一份生靈吧！

我聽說過一句話——只要這世上還有一個人思念你，你的靈魂就不滅。

永生大概從來都不是像傳聞的吸血鬼那般不老不死，而是在愛你的人心中扎根發芽，也許種子種下的時候因為要在你心上掘下一塊空缺會痛，思念時，根莖緊抓住你的時候也會痛，但這都是因為愛啊，愛與痛並存也並不是什麼不好的事，更不是需要補缺治療的傷口，這株愛苗本身就是治癒了。

有些人會說醫師因為看多生死，心腸就比常人冷硬，其實我覺得有時候醫師還比一般人浪漫，只是我們看待生死的角度不一樣罷了，不像狼犬去聞死亡的氣息、不像家屬去品悲傷的痛楚，而是記憶患者最終逝去前那點溫暖。

像維也納的秋，蕭瑟中帶著美景與酒香。

第二篇

牆頭上的烏鴉

二十九萬人輕易的從這世上消失了，
人們用這麼平靜的語氣述說這地獄般的事實，
好像死亡的氣息都淡了，
只剩下食著腐肉的烏鴉跟數據……

當死亡變成統計數字的時候，我們的悲傷會減少一些嗎？

2004年，十二月，聖誕節剛過去一天，前一天我和家人小孩一起度過一個愉快的聖誕日，為了讓孩子開心，甚至扮演了十分不相像的聖誕老公公，在晚餐過後現身，將孩子們許願已久的禮物送到他們手中。

現在的孩子大多早熟，早就知道眼前的聖誕老人是父親所假扮的，可他們依舊快樂，因為這是一個美好又帶有祝願性質的節日，容不得不美好。

可隔天，一通急Call把我緊急叫回了醫院，我直奔外科會議室，那時，會議室裡已經坐滿了人。

等人差不多到齊了，主持人也不囉嗦，直奔主題——

「印度洋發生九級地震，引發海嘯，現在印度洋周邊各國都傳出重大災情，醫院將組織醫療團，臨時叫各位同仁回來，是想詢問有沒有人有意願要主動前往的？」

聽到這話的當下，我第一個舉了手，不是我不怕死，也知道那個地方現在亂得很，不僅有天災再次襲來的疑慮，更有安全和衛生上的隱憂，總之，現在去的是傻鳥。

「喂，學長，別衝動啊，現在那邊多危險啊，更別說有可能被派去更偏遠的地方，到時候什麼都要自己一肩扛，你會累死的。」

這是另一名住院醫師G，G剛進醫院沒多久，或許是平時的我看起來比較和善、好說話，他很多事情不會就來問我，而他的天性是自來熟，和科室裡的大家都很有話聊，但隱隱是較為依賴我的。

「什麼叫別衝動？」我搖搖頭，針對他的問題回答，「大家都想當聰明人，可這個世界只靠聰明人是運作不下去的，總要有人去當傻子、做傻事。」

散會後，我立刻驅車返家，簡單替自己整理了行囊，和家人交代幾句後，自以為帥氣瀟灑地離了家，跟著醫院組成的醫療團前往那被媒體報導得宛如人間煉獄的地方。

在踏出國門的前一刻，我得知自己被分發到斯里蘭卡義診，經過幾個小時的飛行，一落地，我們一群人便馬不停蹄地趕往災區，車子行經之處，我才知道，原來人間煉獄是真的。

海嘯在這個低窪區域狂亂的帶起綿延不絕、樓高般的大浪，此時人跟螞蟻沒有什麼兩樣，在大自然前那般的無助卑微，唯一能做的就是盡可能把自己環在椰子樹上，這裡的椰子樹很高，但皮厚帶著荊棘。

劫後餘生的人，幾乎都是用雙手抱著樹幹，任由身子被強浪拍打，耐著兩三個小時的浮載，急浪洶湧，手臂、大腿內側的皮膚都已經瘀傷，肌肉撕裂。

也有人在浪濤漩渦衝擊下，被推到了牆柱上，此時牆柱已經露出鋼條鐵枝，將這些求生者的肉刮留在斷垣殘壁上。當大水退去後，高高的牆柱上，被破壞的建築物突出、尖銳筋條上，時有殘肉碎屑，怵目驚心。

附近有一座鹽田正在收成，在海水的推波助瀾下，螻蟻們不是被海水沖走了，就是被捲到鹽堆下壓住了。

這些倖存者，眼神中滿溢著恐懼，敘述著他們受傷的過程，無不是在濛濛的海水中、鹽水中打滾。

不到二十坪的教室，擠了一間綜合醫院的各科醫師看診，沒水沒電，窗外還傳來一陣陣的烏鴉嘈雜聲，唯一的透氣風口是一扇已經脫框的窗戶，從裡望出去，能看到一隻隻烏鴉在忙碌的啃著牆垣上的屍塊碎肉。

空氣中隱約帶著海水鹹味、特殊的印度洋鄉土味，還有斷斷續續、一陣陣傳來的腐臭味，映襯著跳躍歡欣、嘎嘎作響的烏鴉群們，彷彿帶人進入了異度空間，眼前的一切顯得不真實。

我以前只覺得烏鴉是聰明的鳥類，如今所見，頓時覺得烏鴉可能真的像人們說的那般帶著邪惡的靈魂。

拉回現實的是耳邊響起的泰米爾語，跟災民們必須透過翻譯溝通，但實際上也無法完全理解彼此在說什麼，幸好誤解中仍然能完成正確的醫療程序，只是一千六百多個病患從詢問傷勢到治療傷口，宛如中型醫院的門診量，真是再強的醫師也難免會累。

下午時分，印度洋和風吹來，下過一場雨，空氣中的味道好聞一些，起來稍微活動了一下筋骨，歇息歇息，耳邊響起居民帶著印度腔的英文善意的跟我聊天寒暄。

他們提起今天的工作是在鹽堆裡尋找傷亡者，用長長的竹竿往鹽堆裡慢慢戳，如果有遇到阻礙物，表示下面壓著人，才去把被壓住的受難者挖出來。

二十九萬人在兩三個小時的大海嘯中，輕易的從世上消失了，人們用這麼平靜的語氣述說這地獄般的事實，好像死亡的氣息都淡了，只剩下數據。

醫療站旁，不遠處有一尊屹立不搖、坐得好好的泥塑菩薩，我端詳菩薩慈容，看著看著，又轉頭看著述說工作的居民們，雖然語氣像閒聊般，但神情是肅穆的，我突然有些釋懷了。

被鹽醃製過的軀體，無受想行識，五感不通，靈魂早就昇華，我又何苦猜疑大家懷著什麼心情呢？

不是死亡變成數據，只是在這樣大的災難後，大家更堅強的想讓罹難者安息、讓倖存者復原。

那些食著腐肉的烏鴉，我突然也不覺得邪惡了。

喔對了，忘記說了，這次的醫療團活動，G也參加了，據他所說，是因為聽了我那一席話，激起他的熱血意志，所以會後他找上主辦人，在參加名單上簽下了自己的名字。

因為我比他早出發，又不是分在同一地區，所以他參加醫療團的事情，我還是回國後才知道，可當我再次見到他的時候，已經是回來又過了一星期左右。

G曬黑了，神情看起來有些萎靡，但這才是正常的，醫療團是個高強度的工作，因為你在那個地方得隨時保持警惕，一方面是提防著不知道何時會再來的天災，一方面是因為人心。

即便知道我們這些人是為了他們而來，可天災讓他們失去家人、財產和安穩的日子，我想沒有人在同一時間內遭遇這些還能夠保持冷靜。

所幸，我們前去的幾個地方雖然還是有不理智的民眾鬧事，可多數人是懷抱感謝的心，我們在那邊也得到了友善回應。

「開會那時，你不是一臉打死都不會參加的樣子，怎麼會後就跑去簽名了？」我笑著問G。

G聽了，只說：「因為我也想當個傻子。」

南亞大海嘯無疑是一場嚴重的大自然反撲，在自然的力量面前，人類是如此的脆弱與渺小，苦苦掙扎著只為再吸一口空氣，渴求著能夠倖免於難。

作為醫師，我所做的，是救治人命，可看過這一場宛如地獄般的景象，我不禁去想，我救了人命，那麼誰救大自然的命？

人們對自然的破壞與危害已到了臨界值，當天災頻發之時，我們或可想想，這是不是大自然在呼救的聲音，我們得以被拯救是因為醫師，還是自然對我們的寬容……

第三篇

無與倫比的布鞋

我今天踩著這雙鞋去了哪裡呢？
經過了泥濘不堪的道路、
遇見受災者跟罹難者……
有些我在忙碌中沒特別留意的，
都被這雙鞋給紀錄下來了。

有句話是這麼說的「活久見」，年紀漸長，見識便多了起來，我小時候聽人家說海嘯海嘯，就只有聽過，聽說很恐怖，後來去義診見識了海嘯能讓人命有多脆弱。

颱風是台灣人很常經歷的天災，但十七級的海燕大颱風還是很難想像，2013年席捲整個菲律賓群島，掀起了驚濤駭浪。

大自然的反撲是這樣的，首先颱風以每小時三百七十八公里的速度颳起強風把大部分屋頂吹走，把沒有紮穩的各種建築、結構體吹離原地點，輪番用強雨浸濕這城市的燈光、繁華與美麗。

當人類已經漸漸失去最後掙扎的力量時，還用人類所鑄造的大輪船來最後一擊。輪船浮在海水倒灌的浪海裡，一端的拋錨當作定點，船體就像它的巨型錘子，大水推進的時候，輪船襲進村莊城市，千噸重的船體輕而易舉的橫掃過它接近的一切，把什麼都壓進了地底下。

濁水退去後，殘餘的，扁扁的，細細的，小小的，從牆角、低窪處、樹梢慢慢地露出了人的體型。

雖非親眼所見，但當我到達當地時，自認為親眼所見的畫面更甚於此。官方公布的死亡數字是一萬多人，這些人的血水、肢體、內臟都混著海水與泥濘，甚至被船體、建築物的碎塊、殘破的家具擠壓著，像破布娃娃一般，無力的逝去。

劫後餘生的人們，望著偌大的船體停在城市中央，滿臉狐疑、無助，如此的荒唐，又清楚感受人類的渺小卑微。

海水浸潤著腳皮，在有傷口的情況下，非常容易被細菌感染，這是這次義診所需要面對的。

非政府組織的醫療團陸續抵達，降落的飛機凌亂停在被超級颱風狂掃後已然不成樣的飛機場上，接著醫師們就直接去了現場，一整天都在醫治病患中忙碌地度過。

我也是如此，面對大量的傷患，除了一再重複消毒、清創的動作外，什麼想法都沒有，有什麼想法也都是多餘的，因為在那當下，悲天憫人是沒用的，想救活一條人命的信念，大過於一切。

耳邊響徹著哭喊聲，和傷患溝通用的英語、當地人講話的方言和菲律賓語交雜，很吵，現場很亂，但我卻產生這才是人間的感覺，因為屋外的模樣，慘得不似人間。

晚飯過後，所有醫療團都各自回房休息，不到半夜，空氣中開始瀰漫一股濃烈的味道，除了海鹽，還帶著不新鮮的魚腥夾雜屍臭味，彷彿各種物件其僅存的靈魂味道層層疊疊散發出來，沒有一個人有辦法睡著。

夜裡，此起彼落的響起門開關的聲音，就算關了門，用上了香包，靜躺著，試圖不管那氣味也做不到，實在是壓不住那味道。

同寢室的牙醫師起床了，先關了窗，可味道還在，我也跟著起床了，我們兩個人認真尋找臭味的源頭——原來是我們的鞋子，將鞋子用塑膠袋封裝起來，總算平息這股「造反」的氣味。

熟睡前我忍不住想了一下，我今天踩著這雙鞋去了哪裡呢？經過了泥濘不堪的道路、遇見受災者跟罹難者……有些我在忙碌中沒特別留意的，都被這雙鞋給紀錄下來了。

思及有些患者受細菌感染之苦的雙腳，我突然很慶幸我們都有這麼一雙鞋，平時不起眼卻默默保護我們的一雙鞋。

遠的不說，就說這次的診療，白日裡在診間，還少見那些為了找尋親人赤著一雙腳在泥濘裡奔走、徒手挖掘的人嗎？

他們的著急、無助，無一不表現在外在形式上，我記得一位曾經救助過的患者，他年紀看著有些大了，衣衫襤褸，赤著腳，手上有著大小不一的割傷痕跡，腳上也有，然而混著泥水，根本發現不了。

他說著一口方言，英語聽不太懂，現場的人員只好尋求當地人充當翻譯，我們這才知道，他身上這些痕跡，是為了找尋他的家人所受的傷，他說起大水沖走了一切，什麼也不留，家人、牲畜和房子，餘下的，只剩下他……

我時常覺得參與這些災難的義診並不會總結出什麼大道理，而是學會惜福本身就是個大道裡。

大自然的災害無可預期，即便知道了天災規模的巨大，可要一個人果斷離開孕育自己的土地是很難的，而這樣的新聞，其實在台灣也不少見，曾經造成的傷亡也難以預估。

人，對於土地的感情很深，卻不曾深刻意識到，我們腳下踩的土地，也是大自然的一部分，對於土地的概念，卻僅存於腳下所及之處。

當我們會因為一雙鞋幫我們阻擋了細菌、髒汙而產生要惜福的感受時，是否也該為大自然包容我們對它的作践而心存感謝呢？

因為，沒有它，何來的我們？

第四篇

重要人士症候群

人可以很有錢，但人再有錢，
生病的煎熬跟貧窮人還是一樣的。
七億元的終點站，
三十九歲。

人可以很有錢，但人再有錢，生病的煎熬跟貧窮人還是一樣的。在面對生老病死的課題時，如果你往錯誤的方向走，你只會更加痛苦。無明，不明，加乘業力，業力層疊而無法迴天。

事情發生在我一位好朋友E身上，E本來是牙醫，年輕氣盛的時候覺得當牙醫不如去賣糖果、巧克力，以後再來賣牙膏，沒想到他真成了全台灣這兩樣東西賣得最好的總代理商。

年紀輕輕就擁有七億財產，讓我當時一個窮留學生好羨慕他。

他每到德國出差就由我來當翻譯官，帶他到各個糖果工廠看產品、簽約、談代理。

他自己也常常出國去各處看商展，拿新的產品代理到台灣出售。

「同學，這次又要麻煩你了。」E爽朗笑著對我說。

「麻煩什麼，跟著你到處跑沒什麼不好，不僅吃好住好，眼界也開拓不少，就是我這個性沒辦法和人這麼侃侃而談的，不然還真想跟在你身邊學做生意。」

聽到我這話，E有些驚訝，可他也不吝嗇地道：「你想學？好啊！我們兩個聯手把公司做大，拚個十年、二十年，我們就可以把公司交給專業經理人，然後領著乾薪，帶著家人到處遊山玩水。」

「別當真，我開玩笑的。」在做生意與行醫這兩種截然不同的職業面前，我下意識選擇了老本行。

一是要為自己的信念做努力，二是，我難道真要因為金錢的因素改變志向嗎？這不是在說E的選擇錯了，而是我已經為了行醫努力這麼久，要我說變心就變心，還真是做不到。

E顯然也知道我只是玩笑，並不放在心上，而他這趟德國行，也以合作愉快終結，順利的回國了。

待及我學成歸國，我和E又見過幾次，印象中，最後一次見到他時，他的氣色不是很好，忙碌的工作讓他的作息亂成一團，當空中飛人的次數更是遠勝於彼時我還在德國的時候。

「你氣色很差，最近有去做過身體健康檢查嗎？」許是醫師的直覺，我擔憂他的身體可能已經出現了狀況。

「哪裡有那個時間啊，公司太忙了。」E擺擺手，一臉的疲憊。

「不是說要請專業經理人嗎？事情交給他們做就好了啊，當個坐辦公室的大老闆不好嗎？」我語帶調侃，可實際上，是想讓他多關心自己的身體狀況。

「哎，我也想啊，可現在的年輕人哪裡吃得了苦，出個幾次差就說累、想休息，工廠那邊也要人盯，我是一個人當十個人用，你說，我有那個時間去健康檢查嗎？」

聽他說了這麼多，我只覺得一切都是他放不下心導致的，正想著要如何再勸勸他，就看見他又掏出菸來，從他坐下到現在，不過短短的時間內，他已經抽了兩支菸了。

我連忙出聲制止他想再次點菸的動作，「欸欸欸，你好歹也是牙醫，怎麼這麼愛抽菸，把牙齒搞得黑黑黃黃的，去談生意客戶都不說話的嗎？而且這邊禁菸。」說著，我比了比牆上的禁菸標示，我倆雖然坐在戶外，然而該遵守的規範還是得守。

見我一副大驚小怪的樣子，他笑了笑，但順從的把菸給收了回去，「外國客戶只會拿出他們收藏的雪茄來分享，至於台灣人，不吸菸的人的確是多了，可總還是有那些個經銷商、中盤商喜歡菸酒甚至檳榔，早期是不學說不成生意，現在生意大了，想改反而沒那麼簡單。」說到這，E嘆了口氣，「看來我是得把這些壞習慣戒了，前幾天我女兒才說我嘴臭，哎……女兒大囉，不貼心了。」

看他似真似假的抱怨著女兒，臉上卻是幸福的模樣，我看了不禁笑了，「大老闆，乖乖當個女兒奴，聽女兒的話準沒錯。」

「是是是，我不僅聽女兒的話，也聽醫師的話，這次出國回來，我就去做身體健康檢查。」

E這次出國，因為攜帶太多樣品，在英國機場轉機的時候，包袱過重，滑倒了，回國後腰痛持續未好，一經檢查，結果竟然是膀胱癌轉移。

生病後，他入住國內最大的醫學中心單人房，往後的日子除了化療，就是開刀，開刀後接著化療，散盡家財，到最後用的藥已經令他七孔流血，一句話都講不出來。

有些人會覺得有錢的病患能得到更完善的照顧，但在面對病魔時，有財力的家屬大多為了嘗試使病痛減到最低，減緩病痛的折磨，開始求助偏方妙藥。

人多嘴雜，每個人都想提供最好的方法來幫助病人，因而家屬就三心二意，這邊聽一些，那邊做一點，心無定見，就這樣子，業力一層一層往上疊加，不斷地受折磨，不斷感受痛苦，在死病的邊緣掙扎，苦痛加劇。

人類的傲慢個性往往並不會因為病魔的折磨而改變，反而更加固執，越偏執，結打得越深，越無解。

得知E已從醫院返家，在家進行臨終關懷時，我去看了他，到他家時，正好與前來進行照會的社工、心理師打了個照面，玄關前，我看著他的妻子抱著女兒，紅通通的眼眶顯見情況不甚理想。

待社工、心理師離去後，我與他妻子寒暄幾句後，就提出了想看看E的請求。「他在房間，我帶你過去。」E的妻子說著，轉過身對著在遊戲區玩玩具的女兒說：「媽媽帶醫師叔叔去找爸爸，妳在這邊玩，不可以靠近爸爸的房間喔。」

聽見這話，老實說我是困惑的，E的生命都已經走到最後一刻了，怎麼他的太太卻阻止了E和女兒僅剩的相處時光呢？

當下，我是沒好意思問的，可到了E的房間後，我才知道他太太特別叮囑孩子的原因在哪裡了。

一打開房間門，一股濃重的味道便飄散出來，我看到他床底下放了一個爐子，裡面燒著金紙，儘管已經開了窗通風，可那味道和眼下的情況，我只有難以言喻的酸澀，我心想這也許又是他父母從哪裡聽來的偏方吧。

E的妻子替他掖了掖被子，說：「不好意思，這是我婆婆說的……」

「我理解，嫂子妳要振作，還有孩子和兩個老人家要妳照顧呢。」

她只是點點頭，聽見外頭女兒的喊聲，說了「你和他說說話吧」便離開了房間。

此刻的E形容枯槁，說不出話來，兩眼無神的盯著天花板，這樣的他，實在與以前談笑風生的模樣差距太大。

病魔的折騰真的能生生毀掉一個家庭。

我不禁趴在他的耳朵旁，說：「兄弟，快去快回吧！這樣實在是太痛苦了。」

隔天他就離世了，七億元的終點站，三十九歲。

錢真的是生不帶來、死不帶去，這樣的診間故事，太多了。

在行醫這一路上，我一直在宣導「預防勝於治療」的觀念，平日的小病小痛就不提了，只是當某一個症狀反覆出現，且越發嚴重的時候，就該有所警惕，因為這可能是身體內部發出的警訊，做個健康檢查並不費事。

檢查出來若是無礙，那麼就把保養撿起來；若查出問題，就請配合治療，只要有克服病魔的心，相信病魔自會離你而去。

再說到死亡，我想，面對生命的終點站，真正能做到心無波瀾者甚少，那麼要如何利用僅存的時間去好好道別，或許才是走了人間一遭最重要的課題。

人的這一生會說出無數次的再見，然而，怎樣好好說「再見」，卻要窮極一生去學。

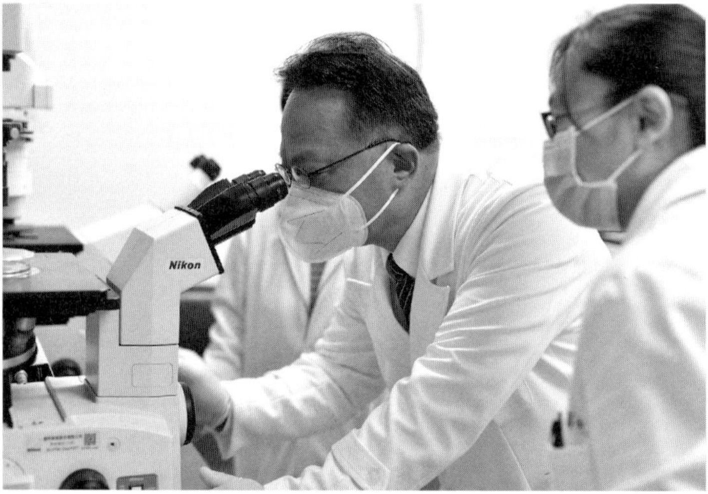

怎樣好好說「再見」，
將是我們窮極一生追求的課題。

第五篇

悟達國師

就像悟達國師一般，
萬人朝拜景仰，便頓生狂妄，
業門開，累世仇報，
小小傷口，變成人面瘡。

退化性關節炎在骨科其實是滿常見的案例，依嚴重程度來做人工膝關節的置換是合理的。

我曾經有一位病患F，F是地方上很有名的政要，他就有退化性關節炎的問題。

當他在當地醫院檢查出來且有需要做手術的時候，他婉言拒絕了醫師的安排，離了院，轉頭就讓幕僚替他預約了台北的醫院，到台北做了人工膝關節置換。

或許是工作關係讓他不方便到台北回診，所以他掛了我所任職的醫院骨科，然後成為了我的病人，每次來看診，他總是炫耀著說兩隻腳總共花了他一百萬，言下之意，他換的是最好的。

其實內行人都心知肚明，不過蝸角虛名，只是一件國王的新衣罷了。

F說：「吳醫師，我在台北的時候，那個主治醫師都說我換的這個人工關節可以用很久，用一輩子都沒問題。」

我說：「人工關節好好保養是真的能用很久，不過有些動作還是要少做，像是拿或背重物走路、經常的蹲下起來的，簡單來說，就是不要太操勞啦。」

「我這個工作有什麼好操勞的，不是趕個紅白場，就是在辦公室服務選民，出去也有轎車坐……」

Ｆ正講述著他的工作範圍時，我也正好調閱出Ｘ光室上傳的Ｘ光片，看了看骨骼的形狀，我打斷他的話，對他說：「來，褲管捲起來一下，我看一下你的腳。」

Ｆ順從地捲起褲管，我彎下腰，伸手往他兩腳捏了捏、按了按，再直起身，又看了看今天才拍攝的Ｘ光片。

或許是我的神色太過凝重，Ｆ有些緊張，問：「醫師，是怎麼了嗎？」

「沒什麼大事，你不用太緊張。不過我有個問題想問，你走路的時候是不是都沒有用拐杖輔助？」

Ｆ一聽，就說：「撐拐杖難看啦，而且我不撐拐杖，走路也走得很好啊。」

我聽了，沉吟了一下，還是決定老實說：「你這腳有點變形，我建議你這段時間最好還是撐拐杖，減輕關節的負重，否則不僅走路姿勢會變，你的骨骼也會變。」

「我在外面服務選民還撐拐杖？這樣不好看啦。」

「為了你的腳好，我覺得這點犧牲是有必要的。」我語氣放重了說。

然而不知是不是這次的建議讓F不開心了，到了該回診的日期，他沒來，再下下次也沒來，在我終於認定他不會再來看診的時候，我又看到F掛我的診了。

「吳醫師，那個XXX有掛診喔？」今日跟診的護理師一看到病患名單，就驚呼了一聲，她口中的XXX正是許久不曾回診的F。

我一聽也疑惑了一下，「咦，他有掛？不是很久沒回診了？」

「對啊，怎麼又突然跑回來？感覺一定是身體上出了什麼毛病，別的醫院看不好，才又跑回來的，哎，吳醫師，你也真辛苦。」

聽著護理師口中的「辛苦」二字，我知道她想表達什麼，說來好笑，醫院雖然是為大眾服務，然而有錢的人、有地位的人、有權勢的人，為了獲得更好的醫療與照護，便成為了院內的VIP、VVIP或VVVIP，單人病房、總統病房也因勢而生。

好巧不巧的，F就屬於這範疇內。

等到前面幾位病人看完後，F進來了，他走路的姿勢有些跛，面上的神情看著有些痛苦，素來西裝革履的他，這次來就診卻是穿上了短褲，露出了膝蓋以下的雙腳。

他一坐下就說：「吳醫師，快看看我的膝蓋，我的膝蓋好痛。」

我聽了連忙往他膝蓋看去，這一看不得了，膝蓋腫得跟什麼一樣，我請護理師開單讓他去抽血和做其他檢查，等F做好各類檢查回來時，血液報告出爐，他體內白血球指數過高，有發炎情形，因其他檢查數據還沒結果，我想了想，便安排他住院，並知會腫瘤科的醫師F有這情況，想請他們看看病歷。

F入院後，隔天所有檢查報告都出來了，他需要立即開刀。

聽到這個消息，F的臉瞬間垮了。

我問他，「這個傷是怎麼弄的？」

接下來故事的雷同之處都讓我不禁感嘆了，只聽F邊嘆氣邊描述起受傷時的情況——某天，F的膝蓋撞到桌角，發炎腫脹，當時如何碰的，不知曉，只知就像故事裡的悟達國師（註）一般，萬人朝拜景仰，便頓生狂妄，業門開，累世仇報，小小傷口變成人面瘡。

這是花了一百萬的兩隻腳啊，一般醫師總是投鼠忌器，不敢延攬醫治，於是小傷變大傷，惡化成骨髓炎。

最終，腳保住了，卻瘸了。

少部分人或許存有僥倖心態、自以為沒事，但其實這種心態才更危險，對作為醫師的我來說，永遠不小看疾病，才是正理。

人，在疾病面前的渺小，正如活在新冠肺炎疫情肆虐下的我們，可只要積極防範，人類也不是不能對抗疾病。

病魔是無情的，它不會因你的身分高低貴賤而有所偏袒，在疾病面前，再高貴的身子也得彎下腰。

註：悟達國師是晚唐的一代高僧，法名知玄。悟達國師精進修行，通達三藏教理，守戒精嚴。唐懿宗賜他「悟達」為號，並奉他為國師，賜給他一座紫檀沉香椅，他因此起了傲慢心，膝蓋不小心撞到椅子，留下一塊瘀青。日漸惡化之下，瘀青慢慢開始腫脹化膿，長出了一個有五官的人面瘡，後來方知他與這人面瘡有累世的因緣。

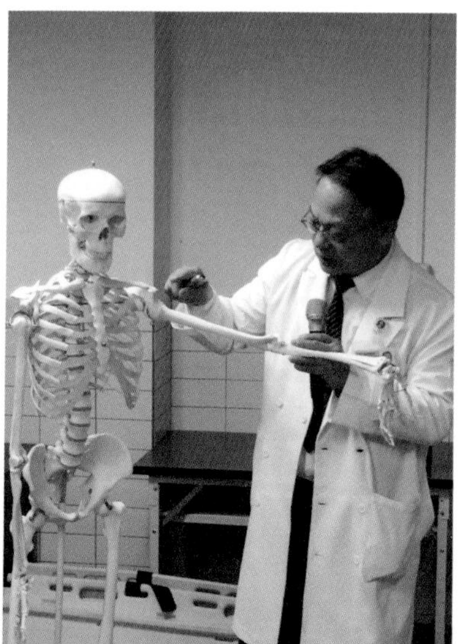

人在疾病面前的渺小，
從不因身分高低貴賤而有不同。

第六篇

美麗的一雙鞋

婦人在急診室哭喪著臉，

身為醫師的我卻有些哭笑不得，

人啊，有很多時候是因為執念才受傷的。

每一次救護車呼嘯而過，就多了一起不希望發生的意外事件，這些大大小小甚至光怪陸離的狀況劇天天都在急診室上演。

小至不小心讓小刀切割到，大到被割草機砍了腿，運氣不好的時候，也不用有刀有機械，有點高的樓梯、椅子、桌子邊角等，都有可能是事故發生的地點，更不論是白天夜裡、熱天冷天、晴時雨季，光是喝酒喝湯、吃個飯都可能危險重重，總之發生在急診室的故事什麼都有。

往往只是一點不小心、一個不留神，就成了命運的轉捩點。

黃昏的時候去等垃圾車丟垃圾，是不少人重要的三分鐘社交場合，就在這個街口巷尾，關於夫妻的事、小孩的事、貓狗鄰居的事，都能被拿出來八卦一番，是某些人觸角向外延伸的舞台，就像蝸牛肉角一般，伸出去探索別人的事，又馬上縮回來不想讓別人探知自己的事。

一個退休了的婦人，非常熱衷這樣的社交場合，除了閒聊八卦，也把這裡當伸展台。

今天趁著丟垃圾的時間，李太太穿了一雙很美麗新買的鞋子，鞋面串了亮片特別醒目，想招搖一番不成問題，偏偏今天出來晚了些，垃圾車已經駛離，為了追垃圾車，瞬間扭傷了。

「哎喲」一聲，把丟完垃圾準備離開的婆婆媽媽又喚了回來，看見李太太跌坐在地，一名認識她的鄰居趕緊上前。

「李太太，妳沒事吧？我扶妳起來。」說著，鄰居好心地伸手幫忙。

「簡太太，謝謝妳。」李太太口中稱謝，一隻手伸出搭上簡太太的手，另一隻手撐地想站起，可她起身到一半，腳踝處的疼痛感加劇，瞬間又跌坐回去。

簡太太被拉得一個踉蹌，穩住身子後，她也發現李太太這一跤跌得嚴重了，不叫救護車不行了。

「欸，你們誰有帶手機？快點打電話叫救護車！」

這一聲喊，圍觀的人都急忙掏出手機，動作快的很快就通報好了，只是李太太跌坐的地方尷尬，剛好出來丟垃圾的又是些老弱婦孺，哪裡挪動得了微胖的李太太，只得回家取傘幫她遮陽，讓她別被太陽曬得發昏了。

李太太跌坐在還熱烘著的柏油馬路上，街坊一陣躁動，社交炫耀的舞台轉瞬成了嚴重扭傷的意外現場，鄰居圍觀，七嘴八舌也沒有什麼實質幫助，等到救護車來了，熱鬧也就散了，留下的大概是明天的三分鐘談資。

李太太在急診室哭喪著臉，直說早知道就不要穿那雙鞋了，本來這麼漂亮的鞋還捨不得穿呢，現在不但腳扭了，還擔心鞋面的亮片壞了。

聽了這番言論，身為醫師的我真有些哭笑不得，這樣對鞋的執念讓我想起童話「紅舞鞋」的故事，福禍命運的轉折往往在瞬間的決定，有時念一轉，禍就避開了。

「鞋子好看是好看，但它出現的場合不對了。」我說：「妳如果早早就下來等垃圾車，穿它沒問題，可當妳已經要追趕不上了，穿著它，豈不是折磨了自己？」

李太太哭喪著臉說：「但我想穿給別人看啊。」

聽到這話，我腦中不禁想起那句「女為悅己者容」，女人除了打扮給心上人看，還得打扮給所有看得到她的人看，在意著眾人的目光，不是她們好打扮，而是她們想展現出自己最漂亮、有自信的一面給外人看。

就像穿上紅舞鞋的女孩，她不知道自己想展現的心會為自己招來禍端，只是單純地想表現出自己最好的那一面罷了，正如拐了腳的李太太一樣。

人啊，有很多時候是因為執念才受傷的。

於我來說，執著沒有不好，這可以是企圖心的展現，也是不認命的代表，當人們抱持著某種信念去執行一件事情，完成後所獲得的成就感是無可比擬的。

不好的，是不懂得趨吉避凶的自己，輕率地認為沒什麼大不了的，可最終卻招致了嚴重的後果，而後追悔莫及。

吳坤佶

第三部 逐光之旅

寧靜又喧鬧，
這獨有的一方，
渲染了我獨特的行醫經驗，
就像飛蛾總被燭光吸引一般，
我落腳在這迎接曙光的地方……

看見路的時候，便是種善因得善果的時候。

第一篇

嘉慶君的籃球隊

醫師這職業在部落裡乘載了特殊地位，
落腳這個部落，就好像繼承了部落裡巫醫的角色，
似乎因著這樣被尊敬的心情，
我總是難免對其多了一絲情感與遺憾……

「加油、加油。」

「進攻，進攻……快射籃！」

「搶球啊……擋下來了！」

「防守，快點回防，跑快一點啊！」

此起彼伏的吶喊聲、加油聲，響徹在午後的校園籃球場上，球場上揮灑汗水和熱情的年輕人，彷彿讓這炎夏變得更為熾熱，卻又讓人欣羨他們的活力與如此青春。

看著那些年紀不過在國高中生年紀的孩子們，我的思緒驀然飄遠，想起了一位曾經的患者——

台灣的花東地區是一個很美麗的地方，城市並未完全開發，人與自然共存，連結宜蘭、花蓮、台東，甚至到蘭嶼，都是很漂亮的亞熱帶。

靠著大海，背著大山，多元文化的衝擊似海浪、似山巒，層層疊疊蔓延進這片土地上的每個人，近山有著如星狀的部落，每個部落都有一些他們的傳統文化被保留下來，我覺得這讓這片土地更加迷人。

這些部落居民能把傳統文化保存下來，在另一方面也顯現了他們固執之處，他們堅持著上一代人傳遞下來的生活方式、愛恨喜樂，甚至對待不同民族的方式、人與人之間的互動關係。

醫師這職業在部落裡或多或少乘載了特殊地位，落腳這個部落，無形中就好像繼承了他們部落裡面巫醫的角色位階，在傳統社會裡是被尊敬、被認定為是可以跟死神病魔抵抗的耆老。

似乎因著這樣被尊敬的心情，我總是難免對待他們更多了一絲情感。

巴達茏是一個長得圓圓滾滾、慈祥和藹的大卡車司機，臉上永遠帶著那種很溫柔的笑，你可以從他的笑感覺到西班牙後裔的血統，腮幫子上的鬍子更加深那種氣質。

十三年前的一個早上，上班時段，急診室來了一位兩腳被大卡車輾斷的少年，鼠蹊部以下被大卡車後輪重壓過，皮開肉綻，幸好人是清醒的，也沒有過度失血。

像這種病人，所有肌肉在第一時間已經壞死，直白一點的說法是燙熟了，黃金時間內能做的是將傷口清理乾淨，用真空吸引器把壞死的肌肉汁液吸走，同時要接上小型洗腎機，將病人體內的大量毒素洗掉。

就像地震被石塊壓到的時候，受傷者並不會死，因為血液中壞死的組織也被壓住了，往往等到把石塊移開，那些壞死的毒素瞬間衝回到心臟和腎臟，就變成致命因素，是對人體有相當破壞性的組織液，瞬間死亡的可能都有。

斷尾求生，常常是這類病例不得不面對的局面，但是這時，如何截肢？截到哪裡？就變成非常重要的課題。如果在膝蓋以下，大部分病患都可以很快地適應義肢，以後行走跟正常人不會有太大的差異，但如果是截在大腿上，久而久之就會因為體力不夠，大部分病人都不願意繼續穿義肢，對未來生活是有很大程度的影響。

另外，大腿植皮需要的皮必須從病人自身的背部取下，一寸寸的移植到大腿上，這樣的過程也是很折磨人的。

這個只有十七歲的年輕人是這麼的勇敢，他接受了雙腳下肢截肢手術，再接受必須從背部經千刀萬剮將皮膚移到大腿上的疼痛。

他在加護病房住了將近兩個月，還記得第一次醒來看到自己被截斷掉的下肢時，竟是瘋狂的笑，真的是迷亂了吧，也不知如何接受這個事實，好在透過護理師與家屬的關愛跟開解，幫他過生日、幫他慶生，竭力的照顧著他，他慢慢接受他接下來要面對的人生劇本——本來是又高又帥的小男生，再來要適應穿戴義肢的人生。

我們請復健科來幫他穿戴義肢，陪他走路，幸好他年輕，運動神經很好，很快的就能夠在醫院的長廊上看到他，雖穿著他不太熟悉的「雙腳」，一步一步的走著，因為寬鬆的褲子甚至讓你看不出來他是兩隻腳斷了的人，感覺他正一步一步的踏回去他的人生。

等到他行走如常了，便聯絡了社會局的人來安排他的未來。這才知道，這孩子對家庭很有責任心，爸爸是卡車司機，國中畢業後，為了幫忙賺錢，就去了爸爸工作的水泥公司當工廠操作員。

意外發生那天，本就因為擔心快趕不上上班打卡加了速，加上大門口有很多小碎石子，他和他的朋友騎著摩托車就這樣子滑倒在沙石上，來不及起身，後頭接著駛來一輛他爸爸朋友開的大卡車，就這麼輾過他雙腳。

右後雙輪加上滿滿石料的重量高達二十五噸，熱燙的輪膠燙焦了雙下肢，只能說幸運的是沒有輾上他的骨盆腔，生殖器官以上機能都還完好。

上學是對現在的他較好的出路，安排他去高中學習電腦相關技能，三年過去，做些基礎的程式相關設計是沒問題的，也不需要動用勞力。

不過醫師能保住病人的命，卻沒辦法改變病人的個性。

一向喜歡勞動的小伙子，終究不習慣職場環境，也不適應快節奏都市生活，想了想最喜歡打球，就回了村子當籃球隊的教練，一支叫「嘉慶籃球隊」的球隊，其實這沒有不好，只是安逸的生活讓小伙子變胖了，漸漸不喜歡穿戴義肢，加上在家鄉沒有顧忌，便開始只坐輪椅了。

偶爾去他的村子看他，看到他在部落裡悠閒的生活，一方面為他高興，一方面也為他不節制的飲食與放棄復健的生活擔心。

「吳醫師，你來了。」

剛下醫療巡迴車，遠遠地，我就聽到一個熟悉的聲音，轉頭看去，一個胖胖的身影坐在輪椅上，雙手奮力推著輪椅的雙輪，慢慢地靠近。

看見來人，我先是笑了笑，再瞧見他腿上放著的塑膠袋時，眉頭不由得皺了起來。

「怎麼又喝酒？上次不是才告訴你不要喝這麼多酒嗎？」我語氣嚴肅地道，只是我嚴肅的語氣和神情似乎沒能震懾住他。

「哎喲，吳醫師，我去醫院回診你念我一次，你來村子裡也要念一遍，你再這樣下去，會老得快喔。」

「少嘻皮笑臉的！」我問他，「這是又要去哪裡喝了？」

「去里民活動中心啦，我那支籃球隊打進縣大賽，村子裡的人說要慶祝一下啦。」

我聽了，沒多說什麼，只是勸他少喝一些，會這樣，或許是原住民愛喝酒的刻板印象影響，也很可能是每每見到他，他不是在喝酒，就是在前往喝酒的道路上，所以勸他少喝，往往成為我結束與他對話的按鈕。

對了，開頭提到的巴達茏其實是這位年輕人的爸爸，自意外發生已經過了六七年，這位年輕的晚輩長得跟他爸爸越來越像，圓圓的臉，蓄著絡腮鬍，身形胖嘟嘟的，笑起來一樣的和藹可親，一樣帶著淡淡的西班牙風韻。

年輕人每隔半年總會回診一次，都是熟門熟路的門診病人，有一回順口聊起車禍賠償的事。

「沒有啦，哪有賠什麼！都是自己的朋友，很多年前他爸也輾過一個小孩子，才六歲，往生了。」

還不到一分鐘的描述，多年後由他媽媽口中輕鬆的講出來，倒是在我的心裡投下炸彈般轟然巨響，這是因果？

說起來打籃球是健康的，但有了酒癮卻宛如接受了死神的邀約，尤其是群聚且沒終點站的喝。

發生車禍意外的十三年後的某個晚上，小帥哥靜悄悄地睡著了，也離開了這個世界。

「嗶——」的一聲，哨聲響起，球場上的比賽也跟著落下句點，看著場上跑得滿頭大汗、氣喘吁吁的人，我越發懷念那個懷抱著籃球夢的小帥哥。

若是當初他沒受傷，也許現在是體壇耀眼的明星；如果當初他能夠遵照醫囑，遠離菸酒，也許現在的他，那圓呼呼的臉上還洋溢著笑容，還能推著輪椅在球場邊大聲訓斥練球態度不佳的孩子們。

可每每想到這，我總會想起老人家口中常說的話——人生沒有如果、人生沒有早知道。

雖然我想起這件事的時候，難免覺得這是人家說的因果報，但我更想說的是，因果報可能就是一種考驗。

年輕人曾經有機會選擇完全不同的生活方式，他也曾經勇敢克服困境，但漸漸地就跟很多遭逢意外的人之後的態度一樣——我已經這樣了，那就維持這樣吧，算我倒楣，是上天對我不公，我不想努力了。

因果像是迴圈，思想上的迴圈，把自己繞進不想突破的死胡同，就把自己困住了。

行醫時，除了實質的治療，我也總希望能藉由一點善意給病人的死胡同開通一條出路，看見路的時候，便是善因得善果的時候，我更喜歡這樣的因果報。

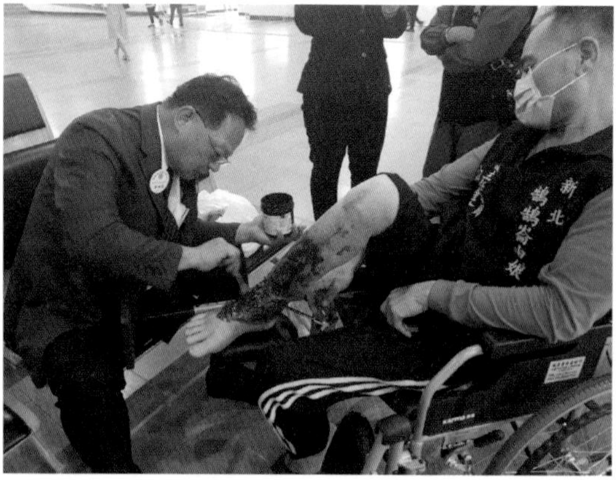

第二篇

禁口業教的女兒

終其入教後的一生，生活中是沒有語言的，
然而雖然不說話，生命卻不是靜默的，
用純粹而敬畏的方式與這個世界相處
可能比我們想像中的精采。

這是一門不算小的宗教，屬於中亞教派，只有三句話當作教義——心想好事，口說好話，身做好事，而從中延伸的還有一個更小的教派，就叫禁口業，遵行「講不好、不會講就不要講話」的教義。

終其入教後的一生，生活中是沒有語言的，很神奇，剛開始接觸這位病患的時候，我並不知道世界上會有人選擇了這樣的生活模式。

人在對談的時候，如果不是說話聲音描述，而是用文字書寫表達，那真的是相當的安靜，即便是在談論一件令人焦急的事。

這位爸爸帶著他六歲的女兒來到急診室，衣服沾滿了血，女兒不小心滑倒，又正好整個下巴朝地上撞，沒有經驗的爸爸非常著急，盯著我的目光充滿急迫，卻又是一句話不說。

當時我還年輕，年輕的醫師在心裡嘀咕，這個世界真悲慘呢，爸爸不能說話，女兒也不能說話，這樣的遺傳真折磨人。

事實上他不是瘖啞人士，無法用手語溝通，只能用寫的，寫得滿滿的字，因著這過程，我才開始意會他可能不是啞巴。

為什麼會這樣說呢？因為他的遣詞用句很精準，對於醫療過程有疑問的地方也比一般民眾更細心地詢問，他的神情儘管慌張，可依舊保持著冷靜，全心信賴著醫護人員。

經過急診室的處理後，仍然沒辦法消除這位爸爸心中的焦慮，難免也會擔心摔成這樣會不會留疤，其實小孩子細皮嫩肉的，傷口只要經過一層一層對齊縫合，仔細一點，是不會留疤的。

我也用筆繼續跟他溝通，解釋他女兒的傷是經過怎麼樣的縫合，有什麼樣的治療過程，預期的結果與未來的照護等等。

想想，現代人好像都不太常寫字了，當我要寫很長的文字時，自然而然就聚精會神起來，思考如何表達得更好，那個當下，能感覺到他看著我，而我盯著紙上的字思索，其實過程不長，卻像進入另一個空間。

突然覺得，多花了一點時間的溝通也不錯，甚至少了些誤解。

經過六個禮拜的門診接觸，傷口好了，故事也搞懂了。

他是一個受過高等教育、充滿生活知識的爸爸，他還有一台跟他一樣強壯的腳踏車，那種後面很寬可以放行李，前面車把很大，有電燈，自己會繞著轉產電的那種，這種腳踏車可以載人、載貨，是相當厚實的一台腳踏車，給我的感覺跟這爸爸一樣。

他選擇自己教孩子，他總這樣帶著女兒一個鄉鎮跑過一個鄉鎮，用腳踏車旅遊，也用經歷給孩子上課，他是女兒的爸爸也是女兒的老師，在廟口、在樹下、在溪邊，也在山腳下，寫了滿滿文字的舊紙紀錄了他們上課的內容。

亞熱帶的秋天是舒服的，車後面的帳篷就是他們可活動的家，用純粹而敬畏的方式與這個世界相處。

有過一陣子，父女檔還待在這區域的時候，來過玉里掛我門診，給我一疊影印的文件，下了班後，我默默念起紙上的文字，感受了他們的生活。

從跟他們的相處，我明白了原來如果不說話，腦子裡面的思考方式是不一樣的，書寫的邏輯不一樣，文字承載的韻味也不一樣，這有點難解釋，但如果你試試一天都不要說話，你可能可以感受這樣靜默後帶給自己思緒的反饋。

等父女檔離開這片區域後，再不曾捎來訊息，或許他們曾經又踏足這裡，也或許父女兩個往更開闊的世界而去，但不管如何，我相信女孩長大了，且長成一個不凡的人，人海茫茫但處處有他們的足跡。

修道者之所以備受尊榮是因為他們以非常嚴厲的戒條律己，禁止七情六慾的干擾，在自己建築起來的那個很冷靜的空間思索人類真正該所為的，以及生命真正的價值。

因為大多數人都受繁榮奢華所迷亂，總是迷失在情緒與慾望之間，眾人看似剛強，但偶爾迎來清醒時，會看見自己被迷惑的心靈，會打破平時的強顏歡笑，會在瞬間極度失落嚎啕大哭。

幸而總有這些自律而博愛的人，能領著慌亂迷惑的人往前行。

我很尊敬這些尋道的人，無論他們歸屬於什麼教派，總之若是與人為善、教人行善，那都是好的，說起來做好事往往比做壞事還難呢。

我總告訴自己，要把行善養成習慣，幫助別人不用選日期選時間選地點，更不需要選個大事來做，即便是買些米送給有需要的家庭，關懷了別人所需，那也是很棒的事。

想做的事不論善小善大，隨時都能做，一塊錢也不嫌少，每天都有一份心力來幫助別人，養成這種習慣是真的會改變自己的念，有了正念，往往是迷亂時的解藥。

說來行善最常受到反饋的對象反倒是自己，就像你以為不說話就無法表達自己，但往往靜默帶來的思索才能尋找自己。

如今的社會，因為手機的使用，使得人們越來越依賴科技，儘管也是不說話，可透過手機傳達的話語，依舊遠不如手寫來得有溫度，也不如用紙筆傳達來得更讓人容易理解。

因為這個禁口業教的存在，我重新反思現代科技與人的關係，同樣都是不說話，怎麼使人越來越進步的科技造就的問題卻越發的多呢？

我想，這或許是科技的便捷帶來的弊病吧，想見面時打開視訊功能就見面，想說話時，按下通話鍵，即便相隔千萬里，眨眼間就能聯絡彼此，「話語」隱含的意義漸漸失去，口角是非變多了，社會也亂了。

仔細想想，或許這個教派真有其存在之必要，我們不必做到像這個教派這樣，凡事只靠一枝筆，但只要能在說話前靜默幾秒，想一想自己這樣說話會不會造成誤解，這個社會也許會因為這小小的改變，也變得不一樣。

再說到教育問題，或許有人會有疑惑，怎麼爸爸自己接受了高等教育，卻不讓小孩子接受正統教育，而是帶著孩子東奔西走呢？

我覺得，上學這件事除了讓孩子接受系統化教育外，便是學著如何與人交際、融入團體，知識的吸收反倒不那麼重要了，而這個原因，歸根結柢還是科技帶來的。

其實國外已開始興起自學教育，在家接受教育已不算什麼突兀的事情，更別提在疫情肆虐的當下了。

每一個孩子都有不同的性情、思想，學校教育固然能從小就規範起禮儀、生活中應遵循的秩序，但接受了從幼稚園到大學、研究所這正統教育出來的孩子就真的都不會做壞事了嗎？看看新聞媒體，我想應該不是這樣的。

教育教育，教的是善，要育的也是善，我想，這才是教育存在的真正意義，而非拘泥於形式上的教育。

第三篇

—五府千歲的一帖藥—

肉眼看得到或看不到，並不能證明什麼，
我覺得有時候人們好像太依賴眼見為憑了，
有時候你在找的那帖特效藥，
可能你本來就擁有了。

在現代文明的社會，總有人會帶著懷疑的目光看著擦身而過的迎神繞境活動，鑼鼓喧天，絲竹聲不絕於耳，看著廟會活動，看著民間戲曲，不管是布袋戲還是歌仔戲，都是農業社會中的生活調劑，雖說相較舊時已經沒落不少，但每逢節慶還是缺少不可。

為什麼那麼多善男信女會篤信這樣一尊木頭？雕刻出來的神明真的能成為眾人信仰的神祇？千千萬萬人，悠久而綿長的信念，特別是每當到了神明節慶的時候，還有很多政治人物、社會仕紳會依附在其神威之下的轎子旁，前呼後擁，樂此不疲。

身為醫師更是百思不解，為什麼一小撮香爐裡的煙灰可以抵過一帖名貴的藥？說起這件事，醫師反倒應該慚愧自省，再來看這些所謂不符合科學的迷信。追根究柢還是舊時社會的醫學尚未達到現今分子醫學的程度，以前的醫學能力不夠挑戰這些疑難雜症，百姓的希望無法放在醫師身上時，神明成了最後一根浮木。

乘載念力的香灰能產生的作用可能比我們想像的更神祕與強大，即便是現代新聞也還時時傳遞著這樣感應救人的傳奇，不是嗎？

這是一個沒有文字記載的故事，從老人家口耳相傳慢慢傳開的故事，說的是長年安座大廳堂上的南鯤鯓五府千歲，開頭都是，我聽「我叔叔說」、「我伯伯說」。

約莫一百二十年前，台灣這片土地仍然荒涼，尚未開發，特別是在西部鹽埔地，居民沒有好的水質，公共衛生觀念也不及現在，莫名其妙的病常常會忽然間跑出來、流傳開來。

如果就現代角度去研判，這些病有可能是瘧疾、霍亂、肺結核，合著當時的地下水問題造成也就是黑腳病的砷水中毒，加之衛生清潔、個人生活習慣不達標，寄生蟲問題也不可忽視，總之這些病在百姓間蔓延。

住在鹽分很濃厚的飛沙村、四湖、下崙這些區域的村民，久病難治，一些青壯村民只能向文化水準較高、生活物質較好的城市求助，找上了南鯤鯓代天府，求神問藥，也占卜未來，那個時代是存在神明的翻譯官也就是乩童，給村民們下了旨意。

千里迢迢，辛辛苦苦，裸身渡過急水溪流到樣榔山，將神明分靈綁在後背，請到村子裡，這一處稱行館，給神明臨時下榻的處所，其實就是村子裡比較好的祠堂，很小，還擠滿了要來求神問卜的村民。

簡單設置，安座請神後，乩童啟駕，祈求了一帖藥，畫了一張藥簽，火化煙灰入藥。

小爐子裡放了些炭火，上面放置藥罐，裡頭放了一些清涼退火的藥草，裝了三分的水，少少的，看好時辰，大中午的，要燒成八分滿的水藥，才可啟用。

旨意如此，村民卻是迷惑不解，互相望了望，怎麼可能這藥會越煮越多，應該是越煮越乾吧？藥繼續小火煎著，村民們推說要回家打理中餐，人漸漸離去，失望跟不耐煩的心情都寫在這些原來滿抱希望的人們臉上。

正想責怪是不是備請神明的三牲祭品不夠豐盛時，冷不防，朗朗乾坤下起了一陣西北雨，村民四處逃竄著躲雨，藥罐子的蓋子是打開的，沒人顧及藥，瞬間傾盆大雨，就這樣的把藥罐子的水給裝滿了，神奇的是，小爐子的火卻沒滅，而是在風雨中激烈的燒著。

藥熬成了，八分滿滿，如同旨意，珍貴的一帖藥，村民小心翼翼的分配了，拿回去當藥引子。

最終藥效如何？大家吃了就治百病了嗎？故事沒有帶到，畢竟光這煮藥的過程就造成莫大的轟動，這已經是神蹟了。

這裡完全顯現了神明高尚的行為，不求回報，不求油香，只為保祐村民幸福平安，於是這個小行館，日日夜夜有人求神問卜，此後有了名字，稱為下崙福安館，迄今仍然借住村人的祠堂當行館。

說到這裡，我不禁想起從神經外科聽來的一則故事，故事是這樣的——

某天夜晚送來一名中風病患，以下簡稱周某，周某從手術室出來後就直送加護病房觀察，他有著強烈的生存慾望，所以很快就從加護病房轉到了普通病房，然而因為延誤送醫的關係，還是造成了他左半邊癱瘓的永久性傷害。

為什麼會說是延誤送醫呢？其實周某的家人第一時間就報警叫救護車了，可因為病患在家會有小酌的習慣，救護車到來，外出的家人齊聚一堂，看過後認為是喝醉了，即便救護車司機說了送醫看看不妨事，家人仍是拒絕，救護車便也打道回府。

然而幾個小時後，在外工作回家後的孫女聽到這件事，驚覺不對，連忙去了祖父房裡，這才發現事情遠比想像中嚴重，立即將人送去醫院，這才有了前頭的事情。

這時論誰是誰非已不重要，能慶幸的，便是救回了老人家一命。

在周某住院期間，作為主治醫師的H在巡房時，最常聽見的便是周某的家人同來探病的親朋好友說起他中風時的「神蹟」。

那所謂的神蹟，便發生在那次報警、叫救護車時，那時來的警察曾說，在接到周某的家屬的報警電話前，110專線已經先顯示過一次來自周家的電話了，但還來不及接起就斷了，可下一秒，專線又響，顯示的依舊是同一組電話，這次服務專員立刻接起，然後派員前來。

每每說到這，周某的家人總是長吁短嘆，說著「若是那次有送醫就好了，不然周某也不會半身不遂」云云等話。

也不知是不是為了彌補，或是求好心切，在經過H的同意下，周某喝起了家人從神佛指引下，尋到的民俗療法館中據說能治好中風的中藥。

想當然的，周某並沒有因為幾瓶中藥就讓他恢復到行動自如的身體狀態，他依舊是半癱的，但他的家人卻覺得這些藥幫了大忙，只因周某看起來更精神，臉色更紅潤了。

以上種種，說是怪力亂神也好，說是迷信誤人也罷，倒是跟同樣學醫的歐洲同學聊起類似的事情時，他們說這很明顯起到心理醫師的作用，媲美佛洛伊德「夢的解析」一。

雲嘉南地區每當中秋節過後，霧水濃濃，常常在清早時霧濛濛的，其實那不是霧，是千萬億顆小水珠，是一種水氣伏在水面上，懸浮土地上，飄不上來是因為水珠太重了，卻又輕到浮上地面，你如果試著跑過這些濃霧區，全身都會濕透。

這些細細的小水珠，佛家語就叫做「微滞」，等太陽一出，朦朧散開，塵土本飛揚的沙土含了潤濕，風吹過潤滑舒適，就不會有風飛沙了。

肉眼看得到或看不到，並不能證明什麼，我覺得有時候人們好像太依賴眼見為憑了。

我當然不會跟病人說，生了病就去吃香爐裡的香灰吧，但我想跟病人說，跟病魔對抗的時候，最有用的通常不是那帖特效藥，而是想戰勝病魔的信念，甚至是相信奇蹟的信念。

身為醫師，我相信科學，我也相信，信念是很科學的事。

偶爾我們可以看見某些醫學奇蹟，像是當了幾十年的植物人在某天突然清醒，並且最終痊癒，或者是被醫師宣告癌症末期，卻在某次回診時發現癌細胞全部消失的事件。

通常當事人會怎麼說呢？宗教絕對會是第一個選項。

可……若沒有病患的積極治療，再堅定的信仰也不可能帶走全部的病痛，對吧？

老人家常說一句話，要人也要神。

我以為，這在進行醫療行為上是很重要的，人非草木，孰能無情？看著親人、朋友痛苦地躺在病床上，任誰心裡都不好過，這時候無論是無神論者或者多神信仰，心中或多或少都會閃現「神啊，保佑他康復」、「神啊，保佑他不再那麼痛苦」的想法吧。

因為宗教能帶來心靈上的和緩，所以人們將痛苦寄託於神靈。

神靈不會說話，但善於傾聽，那一聲聲、一句句的祈禱與期盼，都是人心中最良善的一面，就如同跋山涉水到下崙的五府千歲的分靈，因為想要解除疫病、渴望染疫者痊癒，神靈受其感召，降下了那壺八分滿的藥。

傳說已不可考，可傳說中包含著的信念與宗教精神，卻是不可抹滅的，並透過一代代的傳承，將神蹟與醫學緊密連結，不只庇佑著人民，也庇佑著台灣這塊美麗的土地。

第四篇

原住民的美麗豐年祭

「阿拉迪哇斯」這個像通關密語般的詞，
是我的階級，也是年齡層，
我覺得很奇妙，當人們被賦予一個身分時，
自然而然會產生責任感跟歸屬感。

在維也納念大學的時候有個同學是從捷克過來的後裔，很會念書，高高帥帥的，該怎麼說呢，帶著歐洲男子獨特帥勁的感覺，眼神深鬱，帶點雅痞，雖說運動神經不是很好，平常念書空檔卻常常相約到草地上踢足球，這點倒是滿可愛的。

他跟瑞士來的經濟學系女同學相識相戀，畢業之後就結婚了，在瑞士小鎮過著安逸的醫師生活。

秋天的最後一個假期，相約到瑞士度假，他們小小的房子就在盧森湖旁邊，下班的時候，就這樣騎著腳踏車，繞兩圈，回來洗澡，繼續做醫師該做的事情，讓人好羨慕。

也許是高海拔區域的家園氧氣足，讓我覺得幸福感也加倍了。

其實剛拿到醫學博士回台灣的時候，是我心思最膽怯的時候，當時台灣有不少醫學院正在啟動，北中南東部都有，成立新校就會有不少教職員的位置，到底要去哪裡定下來讓我猶豫不決。

想想，花蓮是我很不熟悉的一座城市，但花蓮的山水之美卻讓我很嚮往，與繁華都市隔著一座大山，靠著美麗的太平洋，沒有過度的人為開發，思及在瑞士度假的時候，一股衝動選了花蓮。

一面教導新入學的醫學生，想把歐洲的優雅學風帶到花蓮，一面在醫院受骨科專科訓練，從頭當起住院醫師。現在想來，剛過完十多年的窮留學生生活，來到花蓮就乖乖的、簡樸的適應忙碌又平凡的生活其實滿好的。

剛開始不急著認識這座城市，甚至前三年還常常在花蓮市中心迷路了，漸漸的終於適應住院醫師的生活，日子開始規律起來，早上七點出門，晚上十二點才回到家，加上值班，通常周末比較有自己的時間，得空了就跟著山脈嶺線、海岸波浪，帶著整個家庭開始認識花東。

花蓮海岸線很像義大利地中海沿岸，只是亞熱帶寶島的翠綠比起地中海的孤山峻岩要溫柔得多了，就跟這裡的人一樣。

因緣際會，開始跟著慈濟師兄到處到偏遠地區義診，先前是多認識了花東的景，現在更開始認識花東的人，看著這些住在不同地方的人都有自己的苦與樂。

第一個十年很快就過了，獨立的專科醫師必須到偏鄉分院服務一年，雖能增加更多的實務經驗，研究的工作就必須遠離了，不過，幸好此時研究科學的部分只剩下不到十分之一，大部分是在處理臨床工作，也在累積臨床經驗。

玉里，這個鄉鎮周邊腹地都是農民，種的不外乎是稻米、黑稻米、紫稻米、太子米、特殊水果、金針、柚子、鳳梨、美人柑、雙色火龍果、夏雪，甚至蜜香紅茶、百年咖啡，這麼豐盛的物產真是讓人忍不住感嘆起大自然的美好，靠著中央山脈流下來的水孕育了這一片肥沃的丘陵地。

在這裡的醫院很小，病患卻比我想像的多，不過當時跟我一起進駐了一批青壯的內外科醫師，大家工作得很起勁，真的大大拉高這間小醫院的服務量能，也因為醫院小，大家彼此交流的機會多，真的讓我學習了很多，即便在多年後回想起來也覺得是一段很棒的經歷。

一年半後我重新回到花蓮慈濟醫院，工作壓力相對平緩，時間也就多了出來，醫療外又恢復了教學研究。

當時醫學教育正在推行一種「標準病人」的教學方式，將一批志工訓練成有各種不同病徵的假病人，讓醫學生在離校之前可以先接觸這些「擬真病人」，藉由化妝、表情修正、戲劇指導，這些標準病人是真的能表達出一個病人求診時的真實狀況，還模擬了病徵的表象，甚至客製化問診過程。

一開始先徵招了一批慈濟志工幫忙，接著很快的成立了標準病人工作坊，創立了很好的教學系統。延續至今，這個教學方式使得一些膽怯的準醫師在真正接觸病人之前，先培養看診的膽量。

作為一個骨科醫師，體力是必備的條件，一群在地校長、老師、律師、醫師組了一個腳踏車團，騎過美麗的花蓮風景區公路，也騎過不少花蓮部落，透過慢遊，反倒對這地方有更深度的認識，吸取了大地量能。

騎到鯉魚潭算是一個標準距離，由城中出發來回約三十公里，清早騎去繞了一圈回來，體力剛好能負荷，不會太累，又覺得充滿活力，可以繼續工作上班，我有時候覺得鯉魚潭就是我心中瑞士那一座盧森湖，我好像過上了我夢想過的瑞士同學的生活方式。

盛夏的夜晚，住在鄉下，日落而息，有時候白天沒騎車，而是黃昏去了，騎完了環湖的腳踏車，只見村民各忙各的，看似忙碌卻又寧靜，回家累了就睡了。

唯一跟往常比較不一樣的，今天村子裡多了一些外人來，轎車停滿路邊。

半醒半睡，彷彿聽到山谷裡傳來陣陣合音，不會吵人，樂律好像述說著什麼信息，有唱有合，一下子近到彷彿在你耳邊呢喃，一下又遠到似在深深向你祝福告別。

隔天我想起來，啊，昨天是原住民如過年一般的豐年祭第一天。

白天，看著這些勇士們聚合整理貢品，對著我大喊「晚上要一起來呀！吳醫師」、「昨天就沒有看到你，要來喔」，這樣熱情的、坦率的、粗獷又真誠的邀約實在很難拒絕呢。

在這個祭典中，長老耆老們會準備最傳統的食材，有糯米、檳榔、香菸、小米酒等等，對著天地邀請所有的祖靈。有一種很粗壯的竹子，原住民會用它當作爆竹，點燃它會有一聲巨響，告知所有村民豐年祭即將開始。

頭目會請村裡面的阿姨、婆婆、媽媽，年長的女性坐在一個廣場的正中央，最先上場的是今天最年輕的少女們，穿著色彩鮮艷的原住民服飾，熱情地表達喜悅，接著是上了年紀已經婚嫁的婦女，穿著紅黑色縫邊服飾，所跳的是收穫後的喜悅舞蹈。

最外層是碩壯的原住民們，所有的男性一起，踏著規律的舞步，合著高亢的樂律，抑揚頓挫，是祈禱，是感恩，也是一種宣示。

五六種不同的合音，交換著呼喊，要持續一個半小時左右，外人並不知道這麼做的意義何在，也許年輕的族人也不知道，但沒關係，等到那遙遠的山谷裡，傳出獨特音律的回音，靜心聆聽，就會明瞭這是一種神靈的呼喚。

最後是團體舞，所有的賓客一起跳舞，每個部落都擁有自己與他人不同的特色舞蹈，而壓軸通常是年輕力壯的青少年們出來跳速度很快的壯士舞。

村子裡的男性是有階級的，跟年次無關，分成六級，每個階級就是一個群組，年紀上下不超過十歲，以我的了解好像是以工作技能劃分。

「阿拉迪哇斯」這個像通關密語般的詞，是我的階級，也是年齡層，我覺得很奇妙，當人們被賦予一個身分時，自然而然會產生責任感跟歸屬感。

整個祭典會持續兩到三個小時，如果大家都很用心、團結、整齊劃一的跳舞，那畫面真的很美，當然如果有調皮愛玩不正經的，那會惹長老生氣，事實上大多族人不會這麼做，這典禮也有給族人排位階的機會，哪一個最堅強、從頭到尾都能專心跳舞，證明最強的體能，很可能就是未來的頭目人選。

長老頭目是族人的精神領袖，族人互相照應的傳統思想是根深蒂固的，若族人的家裡有男人往生了，除了會陪喪家度過停忌，往後鰥寡孤獨的生活裡，比較強壯的族人、有生產力的壯年，依然會持續照顧這些甚至不算親戚的族人。

現代人有時候會覺得傳統思維就是舊時代產物，自己都顧不來了，我也沒看到別人對我有多好，還是本位利己主義好，其實偶爾放下成見去感受藉由付出得到的幸福，才能感受真正的愛。

很多年很多年後回想，我當初為什麼會選擇定居花蓮呢？就為了在瑞士感受的那一點美好？無論如何，這一念之差讓我非常感恩，我經歷的這些讓我對這片土地充滿了愛，對土地上的人文更是充滿了情。

在遠離城市喧囂的東半部，即便醫院的工作是忙碌且高壓的，可在這個比台北、高雄等大都市慢了好幾個腳步的地方，我重新感受到什麼叫慢活。閒暇時，我能閒庭散步，能慢慢騎著腳踏車欣賞這個有山有海的城市，欣賞這個物產豐饒的地方，在原住民的祭典上，享受著不同族群的傳統魅力和熱情，這些點點滴滴都豐富著我的心靈。

花蓮這塊土地上，不只有好山好水，這裡的人更是充滿熱情和活力，如同頭頂上的烈陽，傳達了滿滿的熱力到我的身體裡，讓我有能量能夠面對忙碌的工作和高壓的環境。

我依然想在這裡，繼續我驚奇的每一天。

第五篇

鳳凰救護大隊

在這個地形狹長的城市，

每每意外發生要運送病人時，

只能依靠一條台九線，

為了趕黃金救援時間，大家都在盡一份心力……

不知道大家對於義消的概念為何？對於鳳凰救護隊又有著什麼印象？

其實鳳凰救護隊又稱鳳凰志工隊，屬於義消的一部分，但救護隊是協同救護車出勤，義消則是在火場打火，且許多縣市政府的消防單位都設有此志工隊。

根據緊急醫療救護法，在救護車上的救護人員，必須是醫師、護理人員或救護技術員，且須有兩名，想要擔任志工，最低的門檻便是要拿到救護技術員的資格。

還沒有疫情的時候，急診室是忙亂的，兩年多的新冠病毒肆虐讓急診室的忙碌稍微減緩了，病人少了，年輕醫師參加救護工作的意願卻多了，心臟科、急診醫師都加入了整個花蓮救護急難的行列。

沒住過國外不知道花蓮的美，總覺得台灣很普通，其實花東的美舉世聞名，大山大海這麼好的條件真是天賜的，當然這樣的環境難免要承受天災的侵襲，颱風、地震是常客，但只要能做好準備，這裡依然是一座美麗的城市。

因為地形狹長，每每意外發生要運送病人時，只能依靠一條台九線，嚴重的案例送到醫學中心來的時候，路途遙遠，開車的消防隊員都好像在賽車道上拚命，只為了趕黃金救援時間，不像在都市，發生車禍、災難或居家事故，大多都能在一、二十分鐘內將病人送到醫學中心處理。

住在這個城市，偶爾討論到一些急救案例，於是就認識了發展急救的團體，相關團隊在一次餐會裡跟地方長官談到這方面的人力需求。

花蓮的鳳凰志工大隊，是一個救護團隊，平常依附在每個鄉鎮的消防隊編制裡，必須要不斷演練急救步驟，學會簡單的包紮跟傷口處理。

在鄉鎮有意外發生時，等待救護車到達的時間裡，至少這些受過訓練的救護員可以先進行簡單但正確的急救處理，增加病人的生存機率。

七、八年來，每半年一次的訓練討論中，常常會分享臨床遇到的骨科、外傷、急診案例，傳輸觀念如沒戰爭時的戰士依然維持如戰時的緊張感。讓大家多方了解該如何面對意外傷害，漸漸的，經由不斷復訓，花蓮縣市各區域鄉鎮的救護員與當地的志工朋友，都學會了簡單的急救技巧。

近些年來，發生在花蓮的重大傷亡事件，讓人印象最為深刻的便是普悠瑪列車事件和太魯閣列車事件，這兩件都是造成許多家庭破碎的嚴重事故，也是救護隊隊員們參與的最悲痛的工作。

在現場，我們必須快速分辨死者和生者，還得替傷者分級，將有最大存活率的嚴重傷患優先送醫，次之的是中症，輕傷、有自主能力和有意識者再次之，最後的才是無辜罹難的死者。

面對著不絕於耳的呼救聲、哀嚎聲，每一次的分級救護都是人員心中的痛，因為我們想救活每個人，可現實層面卻是不允許的……

每當天災人害發生時，醫護人員、搜救隊員總是身先士卒的衝在最前面，那也往往是最危險的時刻，因為沒有人會知道，下一刻，足以覆滅的危難會不會再來，也不知道危險會從哪一個方向朝自己撲來。

但儘管如此，仍舊有不少懷抱著讓社會變得更好、讓生命得以及時救援的有志者加入救護志工的行列，天然災害到處都有，問題是居住在這塊土地上的人願不願意付出一己之力來降低災難的損害，又是否大家能珍惜周邊的人事物，我覺得我很幸運，來到這塊不只有好山好水也有很多好人的土地。

鳳凰，在古代是一種祥瑞的象徵，然而在一些人的認知中，卻經常把鳳凰和國外的不死鳥混淆，這點在哈利波特的電影中可以見到，校長鄧不利多的寵物便是一隻鳳凰，可在中國傳說和神話中，鳳凰是無法浴火重生的，正如同遭受了苦難的受難者一般。

然而每當參與救護行動的時候，我都無比企盼這些受難者都能如同不死鳥一般浴火重生，將烙印在身上、心靈上的苦痛昇華，唯願逝者安息，生者如斯……

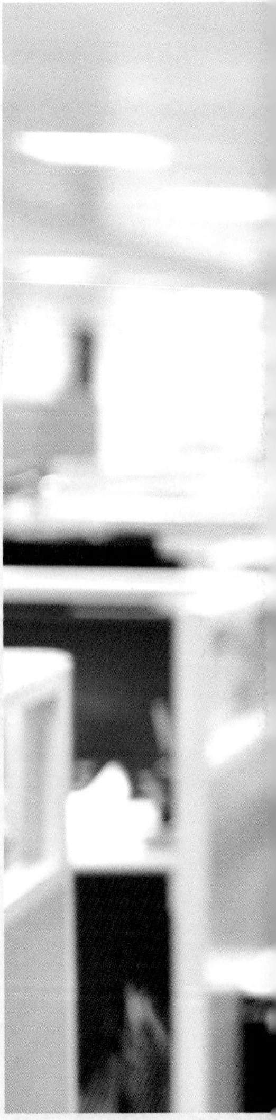

第四部

成爲他人之光

意外像是人生路上途經一段隧道，
在逆境黑暗中尋找光源，
如果走過隧道的人願意點起一盞燈，
點點星光便能成為出口的星空，
會有更多人能走出幽暗，我如是希冀。

生離死別只是過程，

重要的是過程中你想留下什麼？

第一篇

燦爛的旭日東昇

就像溫暖的太陽一樣，
溫暖的人也只是偶爾不在，
隨時都能在想起的時候溫暖我們。

生命的意義是什麼呢？怎麼樣才算活著呢？

我有一個很好的朋友C，一個年輕有為的保險業者，熱心公益，遇到問題總能不厭其煩的以耐心、信心、用心解決，在他的宗親會上、在他的家族親人間，甚至參加的公益社團獅子會裡，總是積極用心的奉獻自己所能。

早上，手機裡必能收到C發的早安圖。

中午，他若不忙，就可能得到一句「呷飽袂」的問候。

晚上，他也會祝福大家有個好夢。

他的行為不帶任何利益意圖，是真誠的、發自內心的問候，熱了提醒人們多喝水，冷了就提醒人們加件衣。

說實在的，家中的老母親或許都還不會這麼細緻入微。

我曾笑他，這樣頻繁發訊息，不會讓人討厭嗎？

C說：「被討厭也沒關係，你是醫師，難道沒發覺這個社會多了很多因為不被人關心、找不到人傾訴而發生的社會案件？這個世界越發冷漠，我們就越要積極。」

聽到這番話，我內心的想法是，不愧是保險業者，好厲害的話術啊。可心中也不禁認同，是啊，在我這一行，見最多的，難道不是各式各樣的生死交錯？

「你的話說服我了。」我笑著說，「但別找我買保險。」

C聽了也跟著說笑，「我本來沒這麼想的，但你都提醒我了，我手邊正好有一款不錯的投資型保單……」

「停停停！」我投降了，「休息夠了吧？再跑一圈，看誰贏！」說完，我率先起跑，趕忙逃離那可怕的話術。

「哈哈哈——」C大笑出聲，「你這人講不講運動家精神，竟然偷跑！」說著，他連忙迎頭趕上。

那一天，在住家附近的運動場，兩個大男人笑得比什麼都開心。

我總覺得，這個社會的陰暗面都要因為他的積極付出變得光亮了些，他真是個像太陽一樣溫暖他人的人。

C是個生活很規律的人，早上起床後就會去運動，回到家沖個澡、吃過早飯，便神清氣爽的去上班，然後用他充滿活力的樣子和客戶溝通、了解他們的需求，規劃他們的未來。

他將客戶群經營得很好，客戶若是年紀大的，那C能把那一家子的保險給包辦了八成；若是年紀輕的，他的健談和精準理財的眼光，能讓人口耳相傳，紛紛找他談人生，因此，他在業界也算是個傳奇人物。

不得不說，C是個很出色的業務員，只是這樣的人卻是天不假年。

那是個天氣很好的早晨，可以想像站在七星潭柔軟的沙灘上，光耀的東方日出照射出七彩金光，伴著美麗的光芒一點一滴給大地上了暖意。

早上六點十三分，他說要去七星潭運動，七月天的海邊，六點太陽已經昇起，已經能曬紅早起的人，不過是幾秒的瞬間，他像是想握住心臟般抓緊胸口往後傾倒，一個釣友在遠處看著他倒下，連忙叫了海巡隊來幫忙，送進醫院後急救了將近一個小時，但依舊回天乏術。

C有心肌梗塞的家族史，他的逝去就像關燈似的。那盞燈關了以後，世界依然在運行，每逢七月天，昇起的太陽依舊毫不留情、熱情的曬紅這片土地上的每個人，熱風依舊飛揚，巷口摩托車壓過孔蓋的聲音依舊運轉，每日的日常還是日常。

但除了家人親族，偶爾也還有人會提起他，提起他曾奉獻生命做過的那些善事，做了好的事！做了對的事！做了讓自己幸福的事！也做了讓別人幸福的事！雖然他的生命關了燈，但他的精神就像開關鍵一樣隨時能被他幫助過的人點亮。

就像溫暖的太陽一樣，溫暖的人也只是偶爾不在，隨時都能在想起的時候溫暖我們。

我們迎接新生命的到來會有長期的鋪墊與期待，可生命的逝去卻快得如白駒過隙，有時候甚至一眨眼便消逝得無聲無息，讓人連感嘆一聲都來不及。

行醫數十年，我得出一個感悟——不要怕人生苦短，是要怕自己沒在這個世間留下點什麼。

當然，得是好事才行，為惡人間，儘管留名，卻招致惡果、罵語，那又有什麼好值得驕傲的呢。

生離死別只是過程，能在這過程中留下什麼，我想，這才是人誕生於世上的意義吧。

第二篇

陽朔山水甲桂林

那兩萬ＣＣ的血、那植入的一塊六公分的骨頭，
讓她有了骨血相連、重生的感覺，
有了想要積極幫助他人的心，
從辛苦的事得到幸福，很難，但很值得。

廣西桂林陽朔的山水真的是世界上最美麗的風景之一。

當然，我覺得人與人之間也是世界上最美麗的風景之一，我每次都很珍惜緣分，卻又不盡知能否成就善緣？

在東部地區的一份地方報上寫著這樣一則新聞——

一大陸家族來台自由行，卻在太魯閣遊覽時遭遇遊覽車撞擊事故，家族中一中年婦人傷勢最為嚴重，身上有多處骨折，送入慈濟醫院接受治療，經診斷，婦人有截肢之可能，但經過院方的協力搶救，婦人不僅保住了雙腳，術後經過醫病雙方共同努力，婦人最終康復出院。返回大陸後，因感念在院期間醫護對其的照護，面臨痛苦時的開導，也開始自主行善，當初負責治療的醫師曾到婦人所在的城市旅遊，並與婦人見面，得知婦人之善行，心中欣慰，乃投書於本報，闡揚其善舉……

趁著手上時間寬裕，病人們的療程都安排得妥當，我利用著一點難得的閒暇，整理起了看著亂糟糟的辦公桌，然而才整理了第一個抽屜，我就翻出了一張泛黃、滿是皺褶的剪報，這張剪報，還是那一年某個長期看診的老病患帶來給我的。

「吳醫師，不簡單，上新聞了欸。」

老爺爺一進門就說了這麼一句，我卻是滿臉困惑，不知道他這是什麼意思，「阿伯，你說什麼？我怎麼有聽沒有懂。」

「哎喲，不用害羞啦，就這個啊！」

說著，老爺爺拿出一張剪報來，那是一張被折得四四方方的紙，攤開細讀，才知竟是自己去大陸旅遊和以前的患者見面的故事。

「啊……這個喔，居然被你看到了，金拍謝。」我微微笑了笑，沒想到會被認識的病患看到，更沒想到，採訪當天，自己那貧乏的詞句竟被記者鋪陳成這麼豐厚飽滿，充滿光輝，想想都為自己汗顏。

「厚，免拍謝啦，你是做好事餒。上面說的那場車禍我也很有印象，好在人救活了，不然這麼一大家子開開心心出遊，卻不能平平安安回家，多可憐。」

我聽了，附和一句，「對啊，還好有救起來。」

「所以說，醫師就是救苦救難的活菩薩。」

聽到這話，我哈哈一笑，說：「阿伯，你誇獎我也沒用啦。來，我們來檢查一下你的膝蓋有沒有比較好，我上次說過，這次回診如果膝蓋內的積水沒有消，你還是要挨一刀的。」

「哎喲，醫師，不要啦，我年紀這麼大了，不要開刀啦。」

看著老爺爺一臉為難抗拒，我依舊狠了心，對跟診的護士道：「安排一下阿伯去照X光。」說完，我看著他說：「好啦，去看一下，你上次不是跟我說，想要帶小孫子出國去玩，腳不好，怎麼去？」

經過好一番勸說，老爺爺認命地跟著護士去X光室了，正要低頭寫病歷，卻發現那張剪報沒被帶走，我目光注視著那張薄薄的紙，思維卻開始發散，那一次，我也真的以為那中年婦人的雙腳需要截肢了……

2012年沒有肆虐的疫情，還是台灣旅遊業很發達的時候，兩岸旅客的互動也很頻繁。

母親節過後的一個五月天下午，太魯閣峽谷吹著涼涼的山谷氣息，整個燕子口充滿遊客，救護車響亮的鳴聲劃破歡愉的氛圍，從中轉載著一位受傷的遊客來醫院，急診室傳來消息，說是重傷者。

這是從大陸來台灣旅遊的旅客，身上多處骨折，包含雙腳、骨盆、左手臂及左大腿，因被遊覽車撞黏在太魯閣燕子口山壁上，雙腳都是開放性骨折，內出血正在緊急輸血中。術前訪視中知道是一個到台灣旅遊順便談生意的家庭，受傷的中年婦女D是整個家庭企業的核心人物，家人對她的狀況非常焦心。

急診室醫師在做初步判斷的時候，跟家屬告知了最糟的情況——為了生命能救回來，雙腳有可能是必須截肢的。

傷者的先生在訪視前，慎重地說：「請您幫我們把生命救回來，斷掉了、剩下皮包骨的雙腳就請你幫我們簡單打包，我們想要回大陸治療。」

儘管我跟他說明了整個醫療過程，也解釋非萬不得已、醫師一定會保全患者的身體，但這也只能讓家屬勉強簽了兩下肢的截肢同意書，家屬並沒有辦法完全了解傷患的嚴重程度，除了滿滿的擔憂，也無法信任醫師。

手術過程中，我認為還不至於要截肢，就先把血管、韌帶、神經、肌肉、骨頭做初步的縫合歸位和銜接。因是開放性傷口，大部分傷口都持續採取引流處理，讓內部滲透體液。

從醫學角度上來看，多發性的多處骨折本來就可以把它分開來一處一處處理，只要是生命跡象穩定，人手夠，是可以把這些艱難的多處骨折處理漸進完好的。

晚上十一點的時候，病人大部分的骨折已經處理完畢，在恢復室做病情解釋時，等待的家屬蜂湧而至，病患已經清醒能跟家屬對談，原本當場斷裂的下肢也可以活動了，身高大致沒變。

親眼見到婦人D恢復的狀況比醫師說明解釋一百次有用，家屬很肯定也很懇切的希望可以留下來繼續在台灣接受治療。

早先在燕子口目睹車禍當場昏倒的婦人雙親，醒來後還有些無法調適這突如其來的場景變換，但總之是能鬆一口氣了，看著他們的樣子，我也鬆了一口氣，看來這趟旅程不會只留下傷痛。

我告訴他們接下來的治療程序，要補骨頭、裝鋼釘、補皮、補肉等等，還有漫長的復健過程。四個月後，婦人D已經能夠拄著拐杖自己走出醫院，她能出院了。

婦人D出院那天，特地還來診間找我，「吳醫師，謝謝你，我不會忘記你的。」

「我只是做了我該做的事情，能好得這麼快，其實都是靠妳自己的努力。」她沒對我這話發表什麼意見，只笑著說：「醫師，有時間帶你的家人來我家鄉玩吧，我招待你！」

那時的我就對這個提議上了心，我小時候就對「陽朔山水甲桂林」這句話印象特別深刻，我一直想去親眼見見，探訪病患似乎是一個驅動自己的好理由。

那次的探訪，兩家人悠閒的坐在小船上，順著江水流到柳州，拜訪這位大德的雙親，婦人低聲說「慶幸沒出大事，高堂硬朗，仍可盡孝」。

之所以稱呼她為大德，是因為這位企業家回到故鄉後延續了跟我們之間的善緣。

她感恩又謙遜的表達，興許是住院期間輸入的那兩萬CC的血、那植入的一塊六公分的骨頭，讓她有了骨血相連、重生的感覺，原本內向的她，有了想要積極幫助他人的心，就如她得到別人的幫助。

在慈濟醫院做了四個月的治療也儲蓄了四個月的生活感觸，對個人生命意義有了不同見解，回到家鄉後開始捐助醫院、贊助孤兒，照顧貧窮人家。

那次的探訪，除了感受到中年婦人的感謝之意，旅途上所得到的感悟更是令我銘記於心。

我回過神，看著手上這張薄薄的紙張，突然就想起了希波克拉底誓詞中的幾句話——

余願盡己之能力與判斷力之所及，恪守為病家謀福之信條……

余之唯一目的，為病家謀福，並檢點吾身，不為種種墮落害人之敗行……

看著這兩段話，我想我認真地做到了醫師的本分，我努力救治了病人，並使其安然出院，在其住院期間，因為受到醫院內部精神感召，回了家鄉後開始佈施行善，延續了善的力量，作為一名醫師，我想，我可以稱一句無愧於心的。

我時常覺得善緣還是惡緣，大多跟事情本身沒有關係，是來自於你看事情的角度，婦人便是把這段帶給她痛苦的意外變成改變人生、延續善念的善緣。

從辛苦的事得到幸福，很難，但很值得。

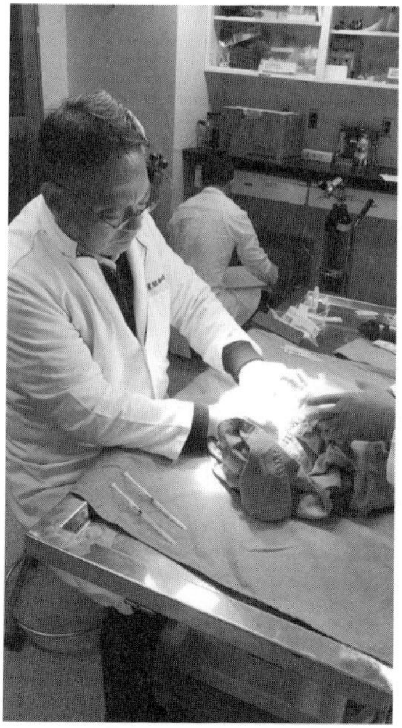

余願盡己之能力與判斷力之所及，
恪守為病家謀福之信條。

第三篇

空心的媽祖

三百年前，木雕媽祖的金身便讓人從中心開挖，
一點一點的被挖去當藥引。
三百年後，沒有藥引可以挖了，
絡繹不絕的香客又想從這裡帶走什麼呢？

因為一場醫學研究的講座，我來到了台灣最北部的基隆。

基隆素有雨都的稱號，儘管近幾年來因為氣候變遷導致降雨量減少了，可這個稱呼在這個下著濛濛細雨的日子裡，念著念著，竟意外地覺得有情調，想來，這應該是早期人民的美感吧。

話說回來，得知要前來基隆參加這次醫學講座的同時，我便為自己安排了一個三天兩夜的行程，講座的前一晚我驅車到了下榻的飯店，好好休息一個晚上後，隔天就全身心地投入工作中，汲取著醫學新知。

到了第三天，趁著時間尚早，我開始了我在基隆的壯遊，漫無目的地開車在基隆晃過一圈，最後一站，我來到位在基隆外海的和平島，那早起時就下著的濛濛細雨也在不知不覺間停了。

和平島上有一間天后宮，本來在靠近造船廠那，其後慢慢遷移到現在這個位址。在地人說，那尊媽祖神像是由大陸輾轉到這座島上來的。

媽祖是庇護海上四處飄移謀生群眾的保護神，據傳，有一天船隊要出航便帶上這尊木雕媽祖，結果航行途中怎麼樣都不順利，於是拜醮問神，最終謹遵神意，將媽祖像留在島上，自此有了最原始的媽祖廟。

從一座小小的、僅能遮風避雨的小廟，因為屢次彰顯神蹟，使得信眾越發壯大，直至今日，終於發展成現在的規模，屋宇之宏偉，香火之鼎盛，都在在顯示著受媽祖庇佑的信徒的心意。

走進廟宇，虔誠祭拜過後，我踏進了廟方特地闢出來、作為展示天后宮歷史文物的配殿，然後被一則故事吸引了目光，內容大約是這樣的——

在一次痢疾流行中，村民們四處求藥無果，茫然無助的人們最終求助於媽祖，媽祖示意將其金身作為藥引，此病可解。人們試了，竟然有效，這尊媽祖金身便讓人從木雕中心，一點一點的挖去當藥引。

「這是真的嗎？」作為一個醫師，我是相信科學的。

「怎麼不是真的？我阿公的阿公的阿公……啊反正就是我的祖先啦，就是吃了媽祖的藥才好的。」旁邊一個志工大嬸聽到我的竊竊私語，用著強調的語氣，用力地想證實媽祖的神蹟。

「大姊，我沒有不相信啦。」都說伸手不打笑臉人，我立刻笑笑的、嘴甜的回應一句。

「我知道啦，其實現代的人都嘛覺得這個是迷信，可那是因為我們活在現代啊，若是生活在古早時候，和平島這個地方是還沒有橋可以連接到基隆的，想看個醫師都難，有人說這個是媽祖降下神蹟，貢獻金身救人性命，在醫師跟藥物都難以取得的時候，你信還是不信？」

聽了志工大嬸的話，我不禁深思起來，是啊，古時候的和平島是個交通不便的地方，病情大爆發時要等醫師和藥品的到來需要時間，若這時有個人發現只要把水燒開了再喝，便可以有效避免病情的擴散，只是那時的人多飲生水，要如何把這個觀念傳達出去呢？

只能是喝藥了，畢竟藥得煮過才能喝啊，而有了辦法，接下來便是需要契機，於是，媽祖降下了神蹟。

我這麼一想，神蹟什麼的都好像失去了色彩，剎那間，我自己都覺得不好意思了，趕緊再到正殿上，虔誠地向媽祖拜了又拜。

頭頂人家的屋簷，卻想著這麼不尊重人的事情，這醫師的腦子啊……

基隆是一個這麼美麗的城市，依山傍海靠港，熱鬧繁華，也在此孕育出很多有在地獨特口味的有名小吃，更有大大小小熱鬧的廟宇，而位於基隆執龍首位置的和平島，市街相對平靜安詳，偶有旅人緩緩走到當年救苦救難的媽祖神像前，虔誠的祈求心願。

時值秋天，夕陽剛漫過天邊，虎山的老鷹們便傾巢而出，順著暖氣流，鷹群轉著雙浮軸，不費力氣，自由飛翔，漁船熙攘的進出港道。

廟公正述說著古人蓋廟趣事，兩派匠工都自詡出類拔萃，技高一籌，搶著裝潢廟廳，於是主事者將廟隔成兩半，左右各由一個匠工雕刻完成。媽祖的寬懷也在這件小事上盡顯。堂內向外望，龍虎神威，各顯神通，互相映趣，獨具特色。

我時常覺得台灣廟宇紀錄了在地人的生活文化與思維舉止，何其美妙？光是站在這都能深深受到洗禮。

這廟公長得像東洋人，一邊點炷香，一邊自言自語——

「如果真要扭轉命運，終究要靠自己的決心，

「時刻努力才能感動神與自我，也才能感動天使，才能達到想要的目標，

「掙扎苦求不過是一天浪費過一天，身處再好的環境也只是身邊擺設，

「後悔啊，後悔是來不及的。」

是自省，還是告誡？這是依山傍海的基隆啊，海風彎轉在各處巷弄，呼嘯吹著，許是我多心聽錯了也不一定，但聲音從哪來的不重要，道理還是道理。

看著裊裊煙火與安寧的氛圍，總覺得，木雕媽祖捨身救大眾的善良慈悲並非當年獨有，事實上三百年來一直在延續，只也許這麼做的成了受感召的人們我們不盡知罷了。

結束這一日在基隆的巡禮，開車返回花蓮的路上，一個問題忽然浮上我的腦海——

醫師，到底是什麼呢？只是為了救死扶傷嗎？

我想不是的，救死扶傷不過是基本的，最重要的，是有著想救人的心。

媽祖的神蹟至今已經不可考，可祂的慈悲、祂的捨身為民卻永存於人民的心裡，祂是神明不假，但亦是醫者，救人救心，若非神，何以為之？

想到這，我自認自己是無法成神的，可少時立志成為醫師的初心卻浮上心頭。

莫忘初心——我想，這應該就是我這趟基隆壯遊的最大收穫吧。

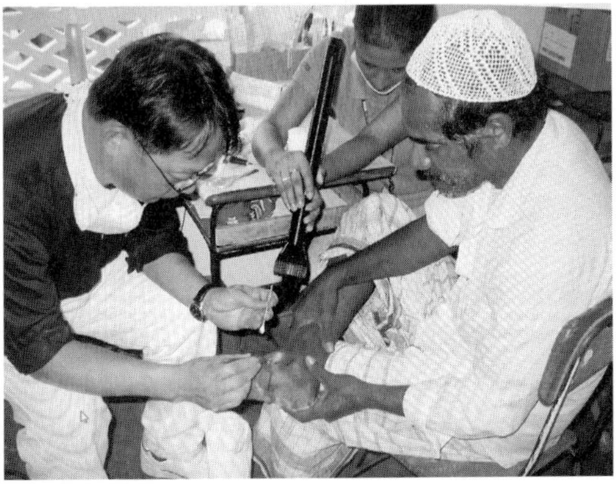

如果真要扭轉命運，終究要靠自己的決心。

第四篇

吞鋁箔包的胃

在醫師的執業歷程裡，
我很常看病人的眼神，
有慈悲的、有無力的，
有人充滿了愛，有人充滿了貪婪憤怒跟虛偽，
而他，只有迷茫，像是在這世界迷了路。

醫學中心的開刀房，每天都像打仗似的忙碌，醫師們中午輪流休息用餐時，排隊取餐至少都是七、八十個人起跳。

這一間一間並排的開刀房就像是教室一樣，骨科在腦神經外科對面，其隔壁是一般外科等等，也像在學校一般，教室連在一起，下課了就會有人到處串門子。

外科醫師大多比較外向、都是好奇寶寶，至少我遇到的幾個是這樣的，每每遇到急診病患多的時候，大家就會湊在一起，這時候可就熱鬧了。

大多來急診的病患，就算對醫師來說開刀的技法差異不大，可每個病患會送進來都有其不同的因緣造化。醫師們有時候會互相交流來排解開刀的沉悶辛苦，也彼此參考一下案例。

這天，我們這邊的手術已經快結束了，正要關傷口的時候，隔壁傳來低聲驚呼，接著是比較高亢的對話。

醫護之間眼神交換——看來是有事情發生了。一般來講，手術過程最討厭突發狀況，但傳來的是驚呼，倒是可以過去湊湊熱鬧。

我今天處理的是股骨頸骨折、換置人工半關節，這是老人家跌倒後常做的一種手術，手術時間短，傷口也小，手術結束後，大家都很有默契地想去隔壁打個友善招呼。

空氣流通倒是沒有什麼不好聞的異味，但是落入眼簾的手術鐵盆裡，有浸滿胃液的黃褐色鋁箔包，還有一坨紙。

像是一個一個慎重的折疊捲起來，大小剛剛好，就這樣一個一個張嘴吞了進去，至少吞了十六、七個，為了這些紙，醫師要剖開病人的肚子大約二十公分，將異物從肚子裡面慢慢地拉出來。

胃已經切開了，醫師的手伸到胃的深處，確認沒有殘留。

這種比較罕見的病例，偶爾會來一次。

這是一個外科案例，患者精神有些異常，因為肚子太痛、無法忍受才來就醫，照X光的時候就看出胃部有各種不同異物在裡頭堆疊著，很明顯絕對得開腸破肚才能解決。

動完手術，好奇寶寶們的精神顯現，聚起來查看到底是哪些廠牌的鋁箔包這麼好吃？忍不住將它們一一打開，就像影集裡的神探一般，蛛絲馬跡都不放過。

滿滿的鋁箔包中，有一坨是普通的紙張，邊沿已經被溶解消化，醫師用止血鉗翻開看著，雖胃有強酸，但這張紙有燙金字，能看到「此狀」字樣，也有一些無法辨識的字，總之能確認是一張獎狀。

這獎狀是他的？紀錄曾有的注目？還是撿來的？搶來的？現在的我們不得而知，唯一可以確認的，這對他來說很美味，獎狀上的褒獎一點都不重要，這只是一種叫做紙的材質，剛好符合他的進食條件。

試想著他是怎麼把它們吞進去的？不管是獎狀還是鋁箔包，都得細心慎重的一個個折疊好，吞的感覺不好受的不是嗎？但他似乎沒有這個困擾，猶記得小時候看雜耍或魔術之類的節目，表演者都會半開玩笑說「叔叔有學過，小朋友不要學」，那吞下這些東西的技能是從小學的嗎？

不，是社會教的，吞鋁箔包要經歷一些特別的境遇。

在醫師的執業歷程裡，會看到病人面對死亡的堅強或者無奈或者恐懼，甚至懺悔等情緒，有時是無法形容的荒唐與可笑，也看過不少在外面逞兇鬥狠的黑社會分子，進了門診怕挨刀子、怕打針。

但我最常看病人的眼神，有慈悲的、有無力的，有人充滿了愛，有人充滿了貪婪、嫉妒、憤怒跟虛偽。我在街頭偶遇過這位鋁箔包患者，他的眼神……只有迷茫，像是在這世界迷了路。

他在街頭巷尾駐足，在交通要道徘迴，在恍惚中前行，喃喃自語，不知有意無意的擺動身體，在這個看似雜亂卻自有秩序的五彩社會中，一個人失序的前行。

他的異樣讓我曾好奇去詢問過附近的爺爺奶奶，這才知道，他是附近的名人，不管是以前或者是現在。

以前的他，出生在幸福美滿的家庭，是鄰人眼中的好學生、好孩子，樣樣都拿第一，只是這樣的人似乎特別承受不住壓力，一次的失敗，讓他再也振作不起來，然後……造就了現在的他。

白日，可見他在街上遊蕩，口中喃喃自語，附近的鄉鎮他不知走過千百萬回；晚上，他回了家，然後常常天濛濛亮就又出現在街頭。

那個家，於他而言彷彿是吃人怪獸一般，只有在逼不得已之時，他才會走進去怪獸的口，等到黑暗褪去，他又逃也似的出來，在獸嘴中的壓力如何，除了他，無人能夠感受。

這裡有個傳統市場，附近有間小廟，滿滿的紅燈籠不知牽掛了多少人的希望與願景，大家都祈禱不要成為脫序的人，且能成為秩序中比較高階並受人景仰的角色。

十年寒窗無人問，一舉成名天下知。這是自古學子的思考邏輯，反之是名落孫山，那可能就會流落街頭，爾後吃完鋁箔包，再吃功名，雖然這只是個比喻，但我真心的希望那張獎狀就是撿來的。

這個世界是瘋狂的，生活其中，沉淪或逆流而上這兩個選項，就像佔據天平兩端的砝碼，而多數人，就像天平裡的中刀，站在中央位置，偶爾左右搖擺，卻始終逃不開群體，生怕自己成為旁人眼中的異類。

可也有少數人脫離了那搖擺的心，往著天平兩端奔去，只是離開後卻發現，自己跑不到兩端便罷，竟也回不去原本的群體。

無法瘋狂，只能自我癲狂。

見多了病患送進急診、門診的各種因緣造化，雖然我不是心理醫師，但真心覺得如果這世界能接受更多的差異，而不是只有一種秩序，那麼失序的人也許就不那麼多了。

在診間見證的這些奇蹟，
讓我相信行善是可以積存並得到反饋的。

第五篇

基隆來的一隻腳

即便是醫師盡了全力，
有時候還是要看病人的運氣，
我常常從他們身上看到，
對別人釋出善意就像把錢存進銀行，
有需要的時候，真的能反饋給自己。

那是2021年除夕夜的前一天，一位基隆的建築商Ｊ，Ｊ因為喜歡自己種蔬菜跟家人親友分享，特別在過年前回到新北三芝老家的田裡翻地種菜，誰知農耕機操作不慎，右小腿反被農耕機絞斷成四截，後來從他的雨鞋可以知道當時是多麼的嚴重，幾乎把他的右腳都絞進土裡去了。

送到區域醫院以後，治療團隊做了簡單清創，接著就把腳接好了。只是Ｊ疼痛了一夜還是沒有緩解，請教醫師朋友怎麼還是如此腫脹和疼痛，該如何是好？

除夕當天，靠著電話跟簡訊往返聯絡，詢問到我這個骨科專業。看了照片之後，我只跟他說，除夕可能沒辦法團圓了，這狀況必須緊急處理，如果他願意的話就到花蓮來，我願意幫忙。

早上聯絡後，一直都沒有訊息，直到中午過後，Ｊ終於打電話說他們要趕過來花蓮，花了四個小時做決定，趕了兩個小時的車，我後來才知道他們是回去拜拜了，請了整整六個聖筊才趕緊往花蓮這來，等待空腹時間完整後，晚上八點才進手術房。

這個案例除了要把鋼釘全部移除外，也得把先前的縫線全部拆掉，當下開刀房的情景令人難忘。

把紗布一一解開時，J腳上傷口的味道只能用極其難聞來形容，拆線的時候，竟然手術房內只剩下我一個，所有的護士和麻醉科人員都跑到外面喘口氣了，是真的實在難以忍受的味道，經過簡單清創後，空氣中的惡臭才慢慢消除。

原來J的傷口裡面還有很多泥土沙礫，甚至有些是肥料，可以想像肥沃的田地裡面有各種貝殼粉、雞糞、有機肥，而這些都是足以釀成截肢的骨髓炎先驅物，整隻腳的皮肉正在發酵著，都脹出許多小水泡。

新春期間，經過了兩三個禮拜的清創，J的發炎指數總算慢慢降下來，可是右小腿的皮膚幾乎都不存在了，這時候還得做進一步的治療，包括打鋼板、補皮、補筋。

在治療期間，我也更加了解了J這個人，J雖然心繫事業，但也非常熱心慈善公益，拄著拐杖的時候也時常出入佛道經壇，他交遊廣闊，非常健談，我可因為他對基隆的介紹，知道除了廟口小吃之外更多的在地文化。

回診時，有次和J談到，為了種菜給親友吃，差點賠上自己的一隻腳，他心裡有什麼感受嗎？

他說：「不就是自己不小心害的嗎？難道我要因為自己的不小心，然後遷怒於其他人，甚至從此不吃菜？」這最後一句，我聽得出來他是在開玩笑的。

我說：「不吃菜可不行，你現在最需要的就是均衡的營養，不管是肉還是蔬菜都得吃。」

他聽了跟著我一起笑了笑，等笑聲一歇，他說，人情多淡薄，在什麼都可以用錢買到的現今社會中，人心才最顯珍貴，所以他有空閒就會到菜地裡走一走，種點小東西，分享給親朋，也能分送給左右鄰居。

他們不差錢，但差的是能夠維繫感情的良方，他是個不懂得變通的人，和人往來，講求的也是以真心換真心，當他自己種的蔬菜被人稱讚，自然也願意再花心力在這上頭。

我認真想了想，且不論花費心力種菜送人合不合乎成本，畢竟J在這過程中得到了快樂，勞累過後的豐收喜悅、將東西送人後得到的稱讚等等，哪一樣都值得喜悅。

再說了，J追求的，也不只是成本問題、喜悅問題，他一切作為更合乎「善」，他那塊地的出產，小部分自家吃、小部分送人，然後大部分給了慈善團體，因為是自種的，賣相不如市場上的漂亮，可吃進嘴裡，滋味卻是完全不一樣，這一點，從他康復、又能開始種菜後，寄到花蓮給我、裝得滿滿的蔬菜箱中可見一斑。

再到後來，有糖尿病的J，那隻腳竟然好全了，傷口培養出的細菌除了海洋弧菌、黃金葡萄球菌，其他可以當標本的不勝枚舉，而他居然不用截肢的完全好了。

人和人之間的聯繫，有時候是簡單的你來我往，有時候卻是曲折的，就如同我和J的相遇一般，若沒有他想維繫情感的贈予，就不會在面臨人生危難時透過朋友找上我，因而保住了他的一隻腳。

即便是醫師盡了全力，有時候也還是要看病人的運氣，就因為時常在開刀房、在診間見證這些奇蹟，而讓我相信行善是可以庫存的。

對別人釋出善意善舉就像把錢存進銀行，你有需要的時候就會有足夠的善緣可以反饋給自己，有時候還有利息呢，你得到的會比你想像的更多。

不只是像，是跟真的一樣！

中華手作花藝術協會蜜蠟花審查委員

Grace Chen

跟著Grace 一起玩蜜蠟花

教你用簡單小技巧就能大大提升蜜蠟花仿真度！

Grace's Beeswax Flowers

小生活中的小確幸很簡單，
夜幕上的璀璨，一杯咖啡，
甚至一朵蜜蠟花。

蜜蠟材質珍貴而天然，
在天然蠟材中具有極優勢的延展性及可塑性，
喜歡香氛的人，也可以在製程中加入喜歡的香氛。

音樂、香氛和想一個人獨處的夜，
點上一朵蜜蠟花吧！

本書特色──

簡易花型入門／花型擬真小技巧／融合作者多年授課經驗
書內含原寸花模紙型／基礎學會後可進階應用

台灣文學新星

星豫

邀你一起走入崑曲女伶如詩如歌般的愛情與人生——

煙花落地我在等你

上海絕代歌姬燕如雪，唱了半輩子的歌，唱得最美的一首曲，是她的人生。
她身前擋了一個人，他的傻氣，每一分執著都是為了她而堅持。
知道她心裡有人，依舊笑著說：「沒關係，把我當朋友就好。」
燕如雪：你等了我一生，接下來，不走了，我在這兒等你回家。

晶鑽生活JZ001

等待微光

一位救難醫師的生命告白

作　者：吳坤佶
總編輯：徐肖男
副總編輯：王絮絹
攝　影：Alex Chen
編　輯：張庭毓、林雅雯
排版編輯：蔡雅玲、張維珊、林若瑩
出版社：新月文化事業股份有限公司
社　址：台北市文山區興隆路二段22巷7弄2號
電　話：02-2930-1211（代表線）
電　傳：02-2930-4159
郵　撥：18706654
網　址：http://shopping.crescent.com.tw
客服信箱：order@crescent.com.tw
總經銷：功倍實業有限公司
地　址：新北市新莊區中港路751-2號
電　話：02-8521-9105
電　傳：02-8521-9145
初　版：2022年6月
法律顧問——張亦君、陳家偉

國際書碼◎ISBN　978-986-288-913-8
Printed in Taiwan
定　價：新台幣380元
（本書遇有缺頁、倒裝請寄回更換；破損，髒汙者，請於購買日七天內連同發票寄回更換）